# 幼兒語文
## 教材教法

尋找文學森林裡跳舞的光

蔡敏玲、戴芳煒————著

# 目次

# 前言：從學說話、怕寫字到尋找森林裡跳舞的光

蔡敏玲

　　到現在都還記得：剛念幼稚園的我，一句「國語」也不會說。和媽媽走入幼稚園大門時，心裡塞滿了害怕卻有整個空掉的感覺。再怎麼害怕，我卻似乎不曾為了自己在幼稚園裡只能「聽」、不會「說」的處境掉過一滴淚，或因此不想上學；或許是一同上學的兩個男孩，使我感覺不孤單吧。總之，究竟過了多久才能和人以「國語」侃侃而談，怎麼也想不起來了。

　　有一次，我從起床那一刻起就打定主意不上學。娃娃車來了，就在大門外，我放聲大哭，緊緊抱住門廊一個抿石子表面的圓柱不放。小石子的粗礪在年幼的皮膚上真真切切，不曾忘懷。此時，媽媽以比我的哭聲更高分貝的音量指責、催促並動手拉扯。哭聲沒有止息，環抱柱子的雙手握得更緊。媽媽嘆了口氣，大約是覺察我拒學意志堅定，到大門外，告訴司機先生可以離開。娃娃車的車輪聲愈來愈遠，我的雙手和揪成一團的心才終於鬆垮，放了下來。

　　等到淚痕乾了，暫住在我家的表哥問我為何不上學。我告訴他，因為我的作業一個字也沒有寫。一整張布滿整齊格子的空白，右上方角落的格子裡有個紅色簽字筆寫出來的「耳」字（圖1）。

　　我向來是非常聽話的孩子，當天的舉止令家人十分驚訝。5歲的我，確實相當認真地使用「耳朵」生活；只是被迫寫滿一整張「耳」，感覺任

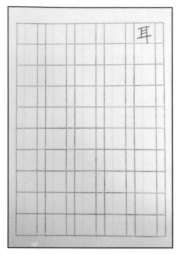

圖 1

務艱難，說什麼也不願意。經過這麼多年，那張沒有寫的作業，成了清清楚楚的意象，留在我的腦海裡，不曾離開。

我在 1960 年代後期的臺灣開始學生生涯，雖然曾經歷上述驚嚇，畢竟還是成了一個不討厭上學的孩子，甚至在二十出頭的時候當起中學老師，過了十年，當起幼教系的老師。說不定是潛意識裡很想和記憶中永遠鮮明的幼稚園啟蒙生涯面對面吧！上學這件事，真正使我歡喜的，應該是可以讀、可以寫的這個部分。5 歲時逃開的事，人生的其他時光卻無比仰慕，偷偷希望自己可以成為一個能寫出好文章的人。這個願望沒有實現，但我總還是體會了讀到好文章的狂喜，「偶爾」領略寫出好文字的快樂。

但是，上學就是學習讀書寫字嗎？童年的我雖有輕微抗拒，但從來不曾懷疑。1987 至 1993 年在美國就讀研究所學習幼兒教育時，接觸的理論清楚提醒：**幼兒的語文學習可不只是學說話、學寫字而已。**還在學說話的幼兒，總是仔細觀察和口語一起出現的肢體動作；而還不認識字的孩子，也有閱讀環境的巧妙方式。當年一句「國語」都不會說的那個 5 歲女孩，

在娃娃車上安靜地學會觀察世界的方式；而那種因為無法寫完一整頁「耳」字而不願意上學的孩子，但願在現今的世界裡消聲匿跡。

　　我不敢確定被迫寫功課的幼兒園孩童是否能完全從臺灣社會消失；但是，從 2006 年開始，我在一個幼稚園教室裡看到 18 個孩子討論圖畫書時的專注眼神，聽到像泉源般湧出的鮮活想法，感覺十分快樂。同年，我接受教育部委託，建構適合我國 2 至 6 歲幼兒課程的語文領域，感覺責任沉重。帶領孩子們閱讀圖畫書的是戴芳煒老師，她和棒棒糖班的孩子每天下午一起閱讀，並把討論歷程寫在網誌裡。我每天閱讀戴老師的網誌，每個月造訪棒棒糖班一次，坐在討論區旁，不出聲地看了兩年，心裡面有許多想法吱吱喳喳冒出來。《幼兒園教保活動課程大綱》語文領域內涵的建構，也經常汲取戴老師的創意與我從棒棒糖班獲得的啟發與靈感。踏進這個幼稚園教室之後，我才真正看見幼兒的思緒在文學森林裡跳舞的光。這些亮光，鼓舞我們把對語文學習、教學的想法與實踐歷程寫出來，希望和關心幼兒語文學習的人一起分享。我深信：光穿透樹林，一定會照見許多好景緻。本書以三分之一的篇幅呈現幼兒園教師與幼兒在閱讀與編創圖畫故事書的過程中，自在、獨到的思考與滿滿的快樂，希望鼓勵更多教保服務人員帶領孩子，親自尋找、體驗與享受文學森林中跳舞的光。

# 1 介紹

蔡敏玲

## 一、上學的目的

開始**上學**的時候，我和其他的 4 歲小孩一樣，從來不曾想過上學究竟是為了什麼。

還是幼稚園學生的時候，放學時，神父總會從二樓灑下糖果給站在一樓的所有幼生隨地撿拾。對當年的我來說，撿到糖果就是上學最清楚的目的。

不過，因為發生功課沒有寫完而懼怕上學的事件，當年的我也很清楚：媽媽和幼稚園裡的老師應該認為，「學會寫字」才是上學最重要的目的。**上學就是學會「讀書寫字」的概念**，在 1970 年代十分普及；甚至到現在，仍有許多人如此認為。2009 年，有位初任幼稚園老師告訴我，家長因為她沒有安排「回家功課」，而將小孩轉至私立園所就讀。2011 年，另一位幼稚園老師告訴我，有位阿公堅持學校一定要教導孫子學寫字。阿公或許沒有經歷過我的親身體驗：寫字，在不恰當的情境，可能帶給幼兒極大的恐慌，害怕到不敢上學。

這位阿公剛滿 4 歲的孫子初入學堂[1]，就讀中班。阿公透過聯絡簿，週週提醒老師要教孫子寫字，並抱怨孫子在家老是愛玩，都不練習寫字。老師看著阿公一行行用端正的硬筆書法字認真表達的看法，努力在聯絡簿上

---

1　金門人稱學校為「學堂」。

回應，傳達自身的幼教理念，包括對語文學習的看法，然而效果卻十分有限。學校的種種活動與分享都無法動搖阿公的堅持——小孩一定要練習寫字。孫子上學一年後，阿公仍然堅定認為：幼稚園老師「什麼都沒教」。

或許，自古以來普遍認為，文字是獲得學問的唯一媒介，也是最有價值的學習，唯有讀書寫字才能光耀門楣，成為一個有頭有臉、讓人尊敬的人。有一次，在一個炎熱的夏日，我參加某國小的畢業典禮，台上輪流致詞的長官滔滔不絕。我擔心台下一位年約八旬的阿嬤可能站得腳痠，於是請她暫坐前排的空椅子（替貴賓保留的座席），但她連忙謝絕，並以帶著濃厚口音的道地方言說：「不行不行，我不識字，不能坐在那裡」，說完便走入後方的人群，繼續站立等候。這位阿嬤對於讀書人才能享有「特權」的想法，使我感到不安。即便要全程站著，阿嬤還是堅持參加到底，她要親眼看到孫子畢業領獎，看他因為上學，而成為能讀書寫字的人。

「**成為能讀書寫字的人**」，一直都是許多父母送孩子上學時，心中懷抱的期望，也是他們認定的**上學的目的**。然而，對於 2 至 6 歲的幼兒而言，這樣的期望與概念或許並不適切；況且，要求 2 至 6 歲幼兒學習讀書寫字，反而可能澆熄孩子對語文學習的熱情。上學的目的當然不是得到糖果，但上學應該是可以品嘗學習之美好滋味的途徑之一。如果幼兒過早承受讀書寫字的壓力，上學就會變得像冰冷的玻璃糖果，表面上有好多色彩，實質上卻沒有滋味（圖 1-1）。

追根究柢，此種「不適切」的語文學習期望，應該是受到對「語文」的定義影響所致。**語文究竟是什麼？包含哪些行動？具有哪些功能？**這些問題直接影響語文該如何學習的所有想法與作法。

圖 1-1

## 二、語文的定義

　　**語文就是話語和文字嗎？**上例中的阿公，他概念中的語文或許就像一個倉庫，收藏著為數眾多但存量固定的話語和文字。對他而言，上學的任務就是要盡快學會**說出**語文倉庫收藏的話語，盡速學會**寫出**語文倉庫收藏的文字。這樣的定義至少有兩個問題：（1）語文一直都有增生的潛力，其數量並非固定不變；（2）認得某些話語和文字，並不代表孩子就能在合適的脈絡中使用這些話語和文字；而如果不會使用，也就是還沒有完全學會。這個行不通的定義**提醒**我們：**語文沒有固定不變的數量，語文的意義也會因著使用的脈絡而有所不同。**那麼，語文可以如何定義呢？

　　我們在這個世界上生活，經常需要細心觀察周遭，再決定如何行動。理解環境對我們說些什麼，就像閱讀一本超級大書，要設法讀懂書裡的文字；但是，**閱讀環境**並不僅止於閱讀文字。想想看，旅行時，如果到了聽不懂當地口說語言、看不懂當地文字的國度，要如何維持最基本的生活機能，例如：找到合適的餐廳、火車站和洗手間呢？

圖 1-2

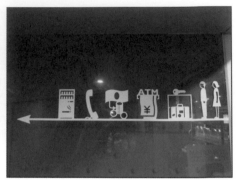

圖 1-3

　　圖1-2拍攝於臺北松山機場，圖1-3拍攝於日本橫濱赤レンガ倉庫。旅客要領錢的時候，可以閱讀環境裡的標示，即使在不同的地方，遇見不一樣的圖像，應該都能順利找到提款機。這些圖像告訴來自世界各地的旅客：「要領錢的話，請往這裡走。」這些圖像表達了可辨認、可理解的意思。很明顯地，除了話語和文字，**圖像也是人與人溝通的一種媒介，具有表達意義的功能。**在陌生的異國街道走著，我們努力尋找圖像，靠著閱讀圖像，可以找到想去的地方、飲食、居住、盥洗，然後繼續移動。

　　仔細觀察，還不能聽懂所有話語的小嬰兒，經常在電視節目的廣告時段，目不轉睛地盯著螢幕，這極可能是廣告時段裡，演員較為誇大的肢體動作吸引了他們的目光。**肢體動作和圖像一樣，也有表達意義的功能。**在無法使用口語的情境裡，可以運用肢體動作表達，例如：以手繞圈圈的方式，提醒同學加快口頭報告的速度。除了提供生活訊息，肢體動作也是展現美感的藝術形式，例如：完全不出聲的默劇演出，就是一種以身體來敘事的藝術。可見，肢體動作也是我們和世界溝通的一種方式。

　　對於2至6歲的幼兒來說，除了**口說語言和文字，圖像**和**肢體動作**也是和世界溝通的媒介。然而，語文不只是話語和文字，當然也**不只是前述四種靜態或動態媒介。**語文的接收與產出，確實需要透過溝通媒介，但是

這些溝通媒介必須要在使用中才能得到意義。接收或產出的意義究竟是什麼，則依使用的方式、使用的社會情境與規則而定。所以，語文是一個動態的系統，主要的功能是溝通。這個系統包含：肢體動作、口語、圖像符號，以及文字等溝通媒介，而溝通的對象主要是人和文本。

## 三、本書的內涵

本書將以上述定義為基礎，呈現幼兒園教保服務人員[2] 協助幼兒學習語文的可行方式。接下來的第二章以淺顯精要的方式說明習得口說語言的重要理論，第三章說明《幼兒園教保活動課程大綱》（教育部，2017）（以下簡稱「新課綱」）語文領域的目標、內涵、精神與特色，第四章以文字或實例說明各項課程目標與學習指標的重點與達成方式，第五章說明和幼兒共讀與編創圖畫故事書的主要原則，並提供實例。

---

2　本書以下將使用「教保人員」一詞簡稱「教保服務人員」。

# Chapter 2 語言學習理論取向與啟示

蔡敏玲

在臺北捷運上，常常看到推車裡的小嬰兒咿咿啊啊「表達」的場景。3、4 歲的幼兒則常常跟著捷運廣播裡的人聲，以華語、閩南語、客語和英語四種不同的語言播報站名。

幼兒聽到話語，試著「仿說」，甚至立即一模一樣地說出來，並不稀奇；最有趣的是幼兒的口語「發明」。在幼兒園裡，經常可以聽到**孩子說出成人從未聽過的話**，如以下的例子：

例 1：女孩指著頭上的蝴蝶結，對老師說：「老師，我的蝴蝶結想歪了[1]。」

例 2：午餐喝紅豆湯，男孩雙手端著熱騰騰的湯走回座位，邊走邊說：「老師，白雲一直從湯裡面跑出來。」

例 3：女孩用湯匙不斷的攪動湯，看著湯裡的那朵香菇，咧著嘴笑，大喊：「香菇頭暈了。」

例 4：幼兒聽老師讀完《琪莉和琪莉莉》（2007，小魯出版）這個故事後，回顧情節時，一個女孩說兩位主角遇到了「房間店」。另外一個男孩更猜想，這片森林裡應該「有各種東西，什麼東西都賣，衣服店、床鋪店、醫生店」。

---

1　女孩的意思是：蝴蝶就像她一樣，認真思考時，不自覺地頭就歪向一邊了。

什麼店在賣房間呀？其實，就是故事裡的譯文——「旅社」。事實上，「旅社」或「旅館」已經不是時下年輕人的常用詞了。老一輩的人說「旅社」，年輕人大概都會說「飯店」吧。腦海指稱的概念即便十分類似，因著說話者的年齡、說話的場合與時空脈絡，以及說話者對**某個概念的理解、詮釋與感覺**，就會選用不同的語詞，例如：臺灣人所說的「飯店」，中國人稱「酒店」。**成人使用社會既有的、常用的語詞；幼兒則經常發明沒人說過的話。**在上述例子裡，孩子們談論《琪莉和琪莉莉》這個故事時，腦袋轉呀轉，搜尋適用、合理的辭彙來表達想法；說出來，大家都聽得懂，達成溝通任務，同時也創造出一個好玩的口語組合。孩子把故事書裡的「旅社」說成「房間店」或「床鋪店」，或許是因為「旅社」對這群孩子來說，是個還不熟悉的詞彙；但是把圖畫書中的「旅社」圖像理解為「房間店」或「床鋪店」，其實非常精準。在每個國家裡，**只有詩人和小孩會這樣發明語言**。

　　在上述例子中，那些**有趣的話語是怎麼被發明的呢**？有時，幼兒似乎是**將聽來的話**（「想歪了」）運用於一個不同於這個詞彙原來出現的**新語境**，而主詞也由人變成了器物（「蝴蝶結」）。也有些話語，似乎是小孩自己創造的**全新語句**（「白雲一直從湯裡面跑出來」、「香菇頭暈了」）。可見，「**模仿**」並不能完全解釋語言學習的機制。語言學習並不僅只是話語從生活環境裡跑入腦袋，再由人複製，然後說出來。話雖如此，語言也不是學習者從無到有的全新創造。從嚎啕大哭的小嬰兒，變成和同學口語交鋒、互不相讓的 6 歲幼兒，這其間的轉變究竟是如何發生的呢？

　　儘管已經有許多**世界知名的理論**解釋人如何學會**口說語言**，但這個歷程卻永遠令人感到好奇。同樣地，剛出生的小嬰兒，那經常揮動的小手，後來如何學會握筆或敲打鍵盤，以及自創溝通符號、寫出字句與文章，也是一個複雜難解的歷程。人到底如何開始與世界進行有意義的互動？當我

們把語文想成一種包含肢體、口語、圖像符號和文字等媒介的溝通系統時，進入這個溝通系統且能順暢運作，就不僅僅是學會說話和寫字，而是學會運用上述四種媒介理解溝通對象表達的意思，自身也漸漸習得運用這四種溝通媒介來表達意義。

# 一、口說語言學習理論取向

2 至 6 歲的幼兒，在生活中最常使用口說語言作為溝通媒介，口說語言的學習也是理論與研究最為豐碩的學術領域，以下**僅簡要介紹**三種解釋習得口說語言的理論取向。與生俱來的腦部機制和外在環境，在人類習得口說語言的歷程中扮演何種角色，以下三種理論取向各有不同的說法。

## （一）行為主義學派

行為主義學派將說話看成一種行為、一種技能，學習說話和學習其他行為一樣，都需要透過「制約」和「模仿」等機制來達成。學說話的人只是環境刺激的接收者，而在語言學習的歷程中，環境中的刺激和成人教導者的行為反而比學習者扮演更重要的角色。幼兒學會語言，全然是成人悉心訓練後的成果，學習者只是被動接受訓練而已。

行為主義學派以古典制約機制解釋人如何習得「理解口語」的能力，以操作制約機制解釋人如何習得「口語表達」的能力。先談「理解」：當環境中的刺激（某個詞的聲音）和內在反應之間產生連結，也就是人學會了理解某個詞的意思，例如[2]：炎熱的臺灣盛暑，客廳的茶几上放了一桶讓客人自己加入飲料的冰塊。以學步車滑行到茶几旁的學步兒，伸手摸了

---

2　這個幼兒理解口語「冰塊」的例子，係參考 Gleason 與 Ratner（2009）提供的實例改寫而成。

冰塊（非制約刺激），立刻把手縮回來（非制約反應）。之後，學步兒在客廳滑行一陣子後，又想伸手觸摸冰塊，在他觸摸之前，媽媽如果大喊：「很冰喔！」（制約刺激），那麼「很冰喔！」這個詞，就會和先前學步兒對冰塊的知覺產生連結，漸漸地也就會引發幼兒對冰塊這個刺激的反應（制約反應：不讓手碰觸冰塊）。也就是說，幼兒已經理解「很冰喔！」這個詞的意思。

口語表達能力的學習，相形之下，更容易理解。嬰兒還不會說話時，成人總是不厭其煩地口頭示範「媽媽」或「爸爸」。當嬰兒第一次發出「媽媽」或「爸爸」的聲音時，成人欣喜若狂的反應（大大的笑容或是高聲讚美），對於行為主義學派來說就是一種正增強，能鼓勵幼兒持續發出類似的聲音。如上所述，制約、成人示範（或說訓練）、幼兒模仿與增強是行為主義認為的口語學習之主要機制。

## （二）生成語法取向

語言的習得與學習對行為主義學派而言，最重要的是**外在**於人的環境中之刺激，以及教導者的角色；個體的**內在**認知機制成熟到什麼地步則無關緊要。相對地，Chomsky 的語言學理論則認為，在語言習得歷程中，**外在**環境扮演微乎其微的角色，與生俱來的**內在**大腦「語言習得機制」（language acquisition device）才是人類學會語言最重要的關鍵。

Chomsky 認為，人腦裡的語言規則系統，不是因為使用語言的經驗而產生的；環境中語言的唯一作用就是啟動（trigger）**與生俱來的「語言習得機制」**。機制啟動後，人習得語法，依據這個語法，就可以生成並說出無窮無盡的語句，所以他的理論被稱為「生成語法」（generative grammar）。這樣的說法可以解釋何以幼兒可以說出自己從來沒有聽別人說過的話。

　　Chomsky 亦認為，除了腦部於出生時不幸受傷的人以外，大腦裡主管語言的部門（language faculty），不論是哪一國人，初始狀態都很類似。全世界的人，腦中這個部門的語法規則系統都很相近，所以這些規則可稱為「世界共通的語法」（universal grammar）（Gleason & Ratner, 2009）。

　　Chomsky 的語言學理論關注的重點以及主要描述的，是理想的說話者和聽話者在一個同質性的語言社區裡使用之語言。這位理想的說話者—聽話者，依照不會受語言環境影響的生成語法來說話，完全不會受到實際互動情境中任何和語法無關的事情所影響。相對地，社會語言學家相信：使用語言的方式和語言的意義絕對會受到語境的影響，不可能有獨立於語言環境的普遍語法（Hymes, 1986）。**社會互動論者正是強調：語言學習是幼兒與其所處的社會情境之間長期、持續互動的結果。**

## （三）社會互動論

　　生成語法取向強調**先天內建、預存的**語言習得機制；相對地，行為主義學派強調**環境**與成人教導者角色的重要性。社會互動取向則兼顧上述兩種取向提及的面向，強調語言習得是**大腦語言結構和環境持續相互影響**的歷程與結果。這個取向強調的「互動」，體現在三個面向：一是先天機制與外在環境；二是語言習得者（嬰幼兒）和主要照顧者之間；三是語言和其他影響語言發展的心智功能。Vygotsky（1978）對於這個面向有十分精闢的闡述。

　　**嬰幼兒語音知覺的發展歷程**，正好可以展現社會互動論的主張，即**語言習得是先天機制與外在環境互動的結果**。劉惠美、曹峰銘（2006）指出，嬰兒學習語言，最先面對的任務就是「對外界複雜語音刺激進行知覺判斷」（頁 24）。全世界的嬰兒腦中都內建區辨語音的機制，使新生兒可以迎接這項任務。一開始，6 個月內的嬰兒不僅可以區辨「母語當中的

語音，也可以區辨非母語的語音」（頁 30）。然而，嬰兒從 10 個月至滿週歲時，對母語語音差異的知覺能力漸漸增加，但對非母語語音的區辨能力卻呈現下降的趨勢。「探索頻道」（Discovery）對嬰兒學習語言的一個專題報導影片中指出，嬰兒一出生時是「全球通行的語言學家」（"universal linguist"），到了 10 個月大時漸漸變成「以文化為界的語言專家」（"culture-bound language specialist"）（Discovery Channel University, 2004）。也就是說，全球的嬰兒雖然與生俱來就有區辨語音的機制，但這個機制的發展卻會受到生長環境中所接收語音的影響，而產生不同的風貌：對母語語音的區辨愈來愈敏銳，而對非母語語音的區辨愈來愈遲鈍。或說，每個國家的嬰兒雖然都內建可以處理語音特徵、分類語音、區辨語音的「聽知覺地圖」，但因著每個嬰兒不同的生長環境，「聽知覺地圖」發展成的樣貌也會有所不同。足見，語言習得是先天機制與**後天環境**持續互動的結果。

影響嬰幼兒語言習得**最重要的環境因素**，應該是<u>主要照顧者和嬰幼兒說話的方式</u>。媽媽或其他主要照顧者對嬰幼兒說話的方式，很明顯地與他們對其他成人說話的方式十分不同（Gleason & Ratner, 2009）。英語世界的照顧者對嬰兒說話的方式，具有很明顯的特徵，例如：較高的音調、音調變化較為劇烈、速度較慢、發音格外清晰、使用誇張的重音等。非英語世界的照顧者對嬰兒說話時，也大半使用具有某種特別語調模式與節奏的語言，具備此種特質的口語被稱為「媽媽語」（motherese）、以嬰兒為中心的語言（infant-directed speech, IDS），或以幼兒為中心的語言（child-directed speech, CDS）。主要照顧者以此種方式對嬰幼兒說話，似乎是出於本能或直覺，但這樣的說話方式能幫助幼兒習得語言嗎？許多研究發現，這種像唱歌一樣的說話方式確實能提升幼兒的注意力、引發正面的情緒（劉惠美、曹峰銘，2006）。Liu、Kuhl 與 Tsao 更發現，母親說話愈清晰

（構音運動空間大），「1 歲內嬰兒就可能發展出較佳的語音知覺能力」（引自劉惠美、曹峰銘，2006，頁 45）。

　　嬰幼兒在語言習得的歷程中扮演什麼樣的角色呢？對於以 Chomsky 為主的語言學派而言，嬰幼兒在語言習得之歷程中扮演主動的角色，而環境中的語言僅僅發揮啟動大腦中預存之語言習得機制的作用。行為主義學派認定嬰幼兒僅是被動的接受環境刺激、被動地接受成人口語訓練的個體。**社會互動論者則認為，嬰幼兒的回應會影響主要照顧者後續與嬰幼兒互動的方式與內涵**（Gleason & Ratner, 2009）。前述成人照顧者以特定的方式對嬰幼兒說話，但嬰幼兒並不只是被動接收這些韻律與節奏特徵明顯的口語；嬰幼兒的表情與反應也會影響主要照顧者後續與他們說話的方式，例如：嬰幼兒如果對成人的話語露出疑惑的表情，成人可能會使用更簡單的語詞或加上動作，再說一次。此外，幼兒在只能發出單詞的階段，就能以「指的姿勢」（pointing）或主動表達的方式，和照顧者協商並確定他們所說的「話」（不見得是既定用語）所指涉的意義。成人照顧者必須依據當下的情境，在一來一往的互動中，不斷猜測並且依據幼兒的反應，逐步確認幼兒的聲音所指涉之意義。簡言之，**簡單的模仿雖然是嬰幼兒學習語言的方式之一，嬰幼兒和其他人的社會互動，才是習得語言最主要的機制**。語言環境和成人說話的方式，在嬰幼兒習得語言的歷程中，都扮演著關鍵的角色。

　　除了強調先天機制與後天環境的互動，Gleason 與 Ratner（2009）也指出，社會、語言、成熟度、生理狀況、認知等許多因素會影響語言發展，而且這些因素「相互依賴、彼此互動，而且還會調整、改變彼此」（p. 247）。社會互動取向同意 Chomsky 所言，大腦中的特定機制與認知成熟程度會影響語言習得的速度。另一方面，社會互動取向和行為主義學派一樣，均強調人際互動經驗對幼兒學習語言的重要性。不過，和前述兩種取

向有所不同的是，社會互動取向認為：**語言習得也會影響認知能力與認知方式，並影響社會能力與社會互動方式**。關於語言對認知的影響，Vygotsky（1978）發表過許多獨特的見解，他認為「語言」和「符號」是非常有力的心智工具，他們可以改變記憶、注意力等高層次心理功能的運作。

## 二、語言學習理論取向對教學的啟示

語言如何影響高層次心理功能的開展與運作，可能是學術界的研究者比較關心的議題。幼兒園現場的教保人員應該比較在乎如何教學，才能幫助幼兒提升語言能力。很明顯地，在上述三種理論取向中，教保人員依據自身對幼兒使用語言情形的觀察，以及和幼兒互動的經驗，必然比較支持社會互動取向的立場。**社會互動理論取向帶給我們最重要的提醒有二**：一是把幼兒視為和我們平等溝通的**互動夥伴**，而不是等著被教導或「被訓練」的孩子；二是提供自在而豐富的語言環境，並且定時回看自己的說話方式；因為理論和經驗都告訴我們，語言環境和成人說話的方式，在嬰幼兒習得語言的歷程中，扮演著極為關鍵的角色。

本書將語文界定為一種社會溝通系統，在這樣的定義下，語文教學的整體目的便是協助幼兒有效、合宜與快樂地參與這個社會溝通系統。溝通系統中有兩大主要溝通對象：人和文本。教保人員必須創造幼兒**樂於和人、和文本溝通的學習環境**。**對的人**、**好的文本**和**自在的空間**，是構成幼兒樂於溝通之學習環境的必要元素。以下一一說明語文教學與學習環境中的這三項必要元素。

### （一）喜歡和習慣使用語文的人

教保人員本身須是對肢體、口語和圖像表達、敘事和閱讀充滿熱情又

習慣探索的人，這樣的熱情與習慣，感染力十足，能鼓勵幼兒嘗試、使用，與持續探索語文。教保人員真心喜歡語文，才會運用豐富而活潑的肢體語言、口語和圖像符號，以多元的方式和幼兒溝通。教保人員喜歡聽、說故事，才可能耐心地和幼兒一起讀故事，一次又一次，每次都有新發現。教保人員喜歡語言的聲音，才會感受簡單的童謠與兒歌中節奏的趣味，急著帶領孩子領會。教保人員習慣閱讀周遭環境，才會和幼兒一起猜測與思考生活環境中圖像或符號的意義。教保人員喜歡和人互動，才能帶領幼兒開心地和周遭的人打招呼。如果教保人員在體驗、使用與探索語文的過程中感受喜悅、得到快樂，這些喜悅與快樂對學習語文的幼兒而言，就是最直接、立即的示範與鼓勵。

## （二）吸引人不斷體驗與探索的文本

　　教保人員不可能時時刻刻和每位幼兒互動，因此學習環境中的文本必須具有吸引幼兒不斷體驗與探索的特質。什麼樣的文本具有這樣的特質呢？以下三種文本以不同的理由吸引幼兒一再探索：

- 具有美感、情感和語感的幼兒文學作品（包括以聲音、紙本或影像等媒材展現的文本）。
- 幼兒與教保人員的生活經驗紀錄（如圖畫日記、園外教學活動紀錄）。
- 幼兒與教保人員在學習情境中共同建構的文本（如活動計畫、購物清單、團體討論紀錄、故事接龍圖、與幼兒編創的圖畫故事書等[3]）。

　　如果是幼兒文學作品，吸引幼兒一再探索的理由，可能包括：獨特的

---

3　請參考本書第四章和第五章呈現的實例。

圖像風格、令人難忘或喜歡的主角特質、奇特精彩或熟悉溫暖的情節、好聽有趣的聲音與節奏、激發想像力的意象等。如果是幼兒和教保人員的生活經驗紀錄或幼兒和教保人員一起建構的文本，因為「一起創造」而產生的「共群感」，將使這些文本充滿**時間的滋味與共同的回憶**；而美好的回憶總是會吸引人一再流連。

## （三）可以放膽嘗試的自在語用空間

在幼兒園的生活中，語文的使用是時時發生的：幼兒並不是在教保人員所界定的「主題學習活動」、「正式教學時段」，或是以語文學習為主要目標的活動中才接觸到語文。在時時都會接觸與運用語文的情境裡，要讓 2 至 6 歲幼兒能喜歡與人、與各類文本接觸，透過體驗與探索而習得參與溝通的各種方式，須對幼兒園的語文使用環境與文化進行整體的考量——教保人員可以創造鼓勵探索的氛圍，營造孩子敢於嘗試、不怕出錯的自在空間。

幼兒如何才會不怕出錯呢？關鍵在於教保人員**掌握語文使用的重點**，避免在團體情境中當眾糾正幼兒的錯誤，甚至要求幼兒立即改正。例如：有一個孩子住在山上，她和家人的每周「大事」就是和家人到山下大賣場採買食物與用品。在假日生活分享時段裡，她正準備和同學分享這件事：

她說：「星期六，我的阿梅阿姨用摩托車載我去家ㄉㄡ、福買東西。」

她吸了口氣，正打算繼續往下說，但老師卻打斷了她：

「不是家ㄉㄡ、福，是家樂福，跟老師唸一次，家ㄌㄜ、福。」

女孩跟著唸了一次，接著又吸了口氣，繼續說道：

「就是星期六啊，阿梅阿姨用摩托車載我去家ㄉㄡ、福買東西。」

老師又說話了：

「是家樂福，再唸一次，家ㄌㄜ、福。」

女孩雖然照著唸了一次，唸完之後卻立刻說：

「講完了。」

　　在假日生活分享活動裡，教保人員應該珍惜的是**幼兒願意分享的熱情，鼓勵幼兒多說一些，設法理解幼兒對自己生活的描述與看法**，而不是以幼兒說出語音精準、語法正確的短句為此活動之重點。就像這個例子告訴我們的，教師過度著眼於發音準確，很容易澆熄幼兒分享的熱忱。教師可以偶爾複述幼兒的語句，表示專心聆聽，此時便可以**示範正確的讀音**；教師也可以選擇私下和幼兒相處時，再幫助幼兒學習正確的發音。

　　在另一個班級裡，我看到「不怕犯錯」的文化漸漸形成。每個星期五，老師會讓幼兒借一本自己喜歡的圖畫書回家，自己記錄所借的書，「繪製借閱圖書紀錄圖」是星期五的例行活動。孩子不但繪製封面，也對文字充滿興趣，問老師可不可以也把字「畫」下來。孩子們專心繪畫時，人傑問老師：「我可以犯錯嗎？」老師回應：「當然可以。」人傑立刻面向同學，開心地說：「老師說畫錯也沒關係」（教學日誌，2011-09-03，戴芳煒老師提供）。

　　不怕出錯的空間，使幼兒充滿嘗試的勇氣，我們和幼兒一樣，都需要透過不斷地、持續地使用語文而學會語文。當然，**可以犯錯不表示不必理會錯誤**。如前段所述，提醒或教導幼兒意識到錯誤與修正錯誤，無論是時機或方式都需要相當的教學智慧。

　　以上是創造幼兒樂於溝通之學習環境的三個基礎要素，下一章將介紹「新課綱」語文領域的目標、內涵、精神與特色。

# Chapter 3 「新課綱」語文領域：目標、內涵、精神與特色

蔡敏玲

　　2016 年 12 月由教育部頒布的《幼兒園教保活動課程大綱》（以下簡稱「新課綱」）將幼兒園課程劃分為六大領域，語文領域是其中之一。在「新課綱」發布之前，我國幼兒教育課程最主要的參考綱要，是教育部國民教育司於 1987 年頒布實施的《幼稚園課程標準》，其中的六大領域也有「語文領域」。有趣的是，《幼稚園課程標準》和「新課綱」的六大領域，領域名稱相同的僅有「語文領域」。不過，**領域名稱雖然一模一樣，兩者內涵卻大相逕庭**（幸曼玲等人，2015）。

　　以下兩章（本章和第四章）介紹「新課綱」語文領域：本章介紹領域的目標與內涵，並說明四種目標——領域目標、課程目標、學習指標和活動目標，以及其間的關係，最後闡述語文領域的精神與特色；接下來的第四章以實例說明課程目標和學習指標，希望幫助讀者掌握「新課綱」語文領域的整體內涵。

## 一、語文領域的目標與內涵

　　「新課綱」語文領域和「新課綱」的其他五個領域一樣，內容包含領域目標、領域內涵和實施原則；三者環環相扣，是有機的組合。

### （一）領域目標

　　**領域目標**是什麼意思呢？我們先來看「**課程**」這個詞的意思。課程（curriculum）這個詞彙的拉丁字源意義是「要跑的路」（"the course to be run"）或跑道（Eisner, 1994, p. 25）。把課程想成「要跑的路」，可以發展出許多**與學習有關的具體圖像**。我們可以把幼兒園的課程，想成**教師和一群幼兒一起跑的過程**。「一起跑」這回事，對教師而言是教的過程；對幼兒而言，是學習的歷程。要怎麼跑呢？要跑到哪裡？由幼兒還是由老師來決定跑的方向和路徑？不管是教或學，一起跑這回事，誰來規劃路線、誰來決定跑的方向、可否容許途中臨時改變路線等，會組合成不同的課程取向。無論是哪一種課程取向，「一起跑」之前所預定的理想終點就是「**目標**」。

有別於其他教育階段的分科教學，「新課綱」主張幼兒園進行統整課程。在統整課程歷程中，學習不太可能僅涉及某單一領域的內涵。因此，「新課綱」的六大領域各有**領域目標**，但並不表示教學要分領域進行。實際上，教學係以統整的方式進行；而領域目標想要表明的是該**領域的核心重點**，或是規劃學習跑道者心目中的**理想終點**。想像教師帶著一群 2 歲、3 歲、4 歲、5 歲或混齡的幼兒一直跑、一直跑，跑過、也創造出許許多多的路徑。到了 6 歲、快從幼兒園畢業的時候，我們會問：語文學習得如何？這時候，所謂理想終點就是：這群孩子能遊刃有餘地具備以下能力：

1.體驗並覺知語文的趣味與功能。

2.合宜參與日常社會互動情境。

3.慣於敘說經驗與編織故事。

4.喜歡閱讀並展現個人觀點。

5.認識並欣賞社會中使用多種語文的情形。（教育部，2017，頁 47）

這些就是語文領域的目標。我們不是期望幼兒在某個特定時間點具備上述能力，而是期待幼兒在長時期的學習歷程中，漸漸地養成這些能力，慢慢地形成幾種狀態，而構成**以下的理想圖像**：

在長長的學習時光裡，幼兒接觸和運用語文，體驗各種語文形式，覺

得好玩、有趣，而且覺知語文的功能；對語文很有感覺，懂得欣賞各種現象或作品、樂於創造生活裡的故事，也能與他人好好互動。**這樣的孩子，可能會有以下的能力與態度：**

1.聽兒歌和童謠時，發現歌謠中重複出現的聲音。

2.進入新環境時，主動觀察、探索並推想周遭文字、圖像和符號的意義。

3.試著以自創符號記錄事情。

4.努力理解互動對象以肢體和口語表達的意義。

5.在團體互動情境裡，仔細聆聽別人說的話，在合適的時候表達自己的看法。

6.有充裕的時間敘說生活經驗，在敘說與聆聽敘說的過程中，認識自己也擴展和深化對他人生活的認識。

7.經常和教保人員及同儕一起閱讀與編織故事，體會想像世界的奧妙。

8.閱讀圖畫故事書時，喜歡分享自己喜歡的角色和理由，也興致勃勃地展現對故事的回應。

9.熟悉家中使用的語言，上學後透過經常聆聽各種語言的兒歌、童謠，欣賞環境裡各種語言的聲音，覺得社會裡使用多種語言是自然而且美好的事。

這就是**語文領域目標達成時的理想圖像**。

## （二）領域內涵

有了語文學習的整體目標，接下來就要談：學些什麼？也就是，語文領域的內涵。

和「新課綱」的其他領域一樣，語文領域以兩個向度架構出整體內涵：一是領域**能力**（如表 3-1 縱軸）；二是**學習面向**（如表 3-1 橫軸）。

表 **3-1**　語文領域的能力與學習面向

| 能力＼學習面向 | 肢體 | 口語 | 圖像符號 | 文字功能 |
|---|---|---|---|---|
| 理解 | | | | |
| 表達 | | | | |

## 1.能力

　　第一章曾說明在「新課綱」語文領域中，語文被定義為：「一種社會溝通系統」。依據這樣的定義，學習語文也就是**學習掌握這個社會溝通系統**，以便自在從容地使用這個社會溝通系統。掌握社會溝通系統，**需要兩大能力：理解與表達**，構成表 3-1 的縱軸。**理解能力**是指幼兒覺察、區辨與詮釋所接收的訊息之能力；**表達能力**是指幼兒回應人或文本，運用肢體、口語或自創符號呈現意義，以及創作的能力。大體而言，理解能力的發展較表達能力早，例如：幼兒聽得懂故事的時候，未必已經具備敘說故事或創作故事的能力。不過，在實際使用語文與他人溝通、與世界互動的時候，我們都是綜合、交替運用理解與表達能力，例如：在日常對話情境中，我們需要理解別人說些什麼，才能決定自己要說些什麼。

## 2.學習面向

　　理解與表達是有對象的：對象之一是**人**，理解他人，向人表達；對象之二是**文本**（text），理解文本，運用文本來表達。文本是什麼呢？凡是使用有系統表達意義的符號創造出的作品都稱為文本，例如：默劇、演說、歌曲、文章、圖畫故事書、食譜，以及電影等。不論是和人或和文本

互動，人的理解與表達都不是在真空中憑空發生，**理解與表達一定發生在某種情境中，需要有對象，也需要運用媒介**。肢體、口語、圖像符號和文字是最常用的**溝通媒介**。不過，文字雖然是一般人常用的溝通媒介，「新課綱」語文領域並不強調幼兒以「文字」來表達，僅著重於幼兒對「文字功能」的理解。因此，語文領域的學習面向是肢體、口語、圖像符號和文字功能。幼兒學習**理解**他人運用上述溝通媒介所表達的意義（例如：在一場小型戲劇的排演過程中，幼兒設法聽懂教師以肢體和口語說明一段舞步的動作和意義），**理解**上述溝通媒介構成的**文本**之意義（例如：幼兒探索圖畫故事書，嘗試透過圖像理解故事）；也要學習**運用這些溝通媒介**創造文本向人**表達**（例如：幼兒以肢體和口語說出假日生活經驗、或是畫一張卡片感謝消防員來校解說消防車的構造）。

　　簡單地說，**能力和學習面向交織成語文領域的內涵，也就是學習內容**。不過，學習內容包羅萬象，因著幼兒、教師的特質與各地文化內涵，語文學習的內容可以無限衍生、沒有窮盡。在這樣的前提下，以下**以長程目標（課程目標）與短程目標（學習指標）來說明語文學習內涵的可能方向**。延續前述「跑道」和「師生一起跑」的意象，課程目標和學習指標提供了具體可行的，跑的方向和目的地。

# 二、課程目標和學習指標

## （一）課程目標

　　課程目標是長程目標，通常是期望於一學期或一學年達成的目標。語文領域的課程目標由「能力」與「學習面向」兩大主軸交織而成，如表3-2。

表 3-2　語文領域的課程目標

| | 肢體 | 口語 | 圖像符號 | 文字功能 |
|---|---|---|---|---|
| 理解 | 語-1-1 理解互動對象的意圖 | | 語-1-4 理解生活環境中的圖像符號<br>語-1-5 理解圖畫書的內容與功能 | 語-1-6 熟悉閱讀華文的方式<br>語-1-7 理解文字的功能 |
| 理解 | | 語-1-2 理解歌謠和口語的音韻特性<br>語-1-3 認識社會使用多種語言的情形 | 語-1-4 理解生活環境中的圖像符號<br>語-1-5 理解圖畫書的內容與功能 | 語-1-6 熟悉閱讀華文的方式<br>語-1-7 理解文字的功能 |
| 表達 | 語-2-1 以肢體語言表達 | 語-2-2 以口語參與互動<br>語-2-3 敘說生活經驗<br>語-2-4 看圖敘說 | 語-2-5 運用圖像符號 | |
| 表達 | 語-2-6 回應敘事文本<br>語-2-7 編創與演出敘事文本 | | | |

資料來源：教育部（2017，頁 49）

　　表 3-2 清楚地顯示，**能力與學習面向交織，構成了 14 條課程目標**。在此把理解和表達的部分拆開來看，如表 3-3、表 3-4。

表 3-3　語文領域的課程目標（理解的部分）

| 能力與學習面向的交織 | 課程目標 |
|---|---|
| 理解肢體與口語 | 語-1-1 理解互動對象的意圖 |
| 理解口語 | 語-1-2 理解歌謠和口語的音韻特性<br>語-1-3 認識社會使用多種語言的情形 |
| 理解圖像符號 | 語-1-4 理解生活環境中的圖像符號<br>語-1-5 理解圖畫書的內容與功能 |
| 理解文字功能 | 語-1-6 熟悉閱讀華文的方式<br>語-1-7 理解文字的功能 |

表 3-4 語文領域的課程目標（表達的部分）

| 能力與學習面向的交織 | 課程目標 |
|---|---|
| 以肢體表達 | 語-2-1 以肢體語言表達 |
| 以口語表達 | 語-2-2 以口語參與互動<br>語-2-3 敘說生活經驗<br>語-2-4 看圖敘說 |
| 以圖像符號表達 | 語-2-5 運用圖像符號 |
| 綜合運用肢體、口語和圖像符號表達 | 語-2-6 回應敘事文本<br>語-2-7 編創與演出敘事文本 |

　　課程目標雖然指出能力和學習面向交織後，幼兒語文學習方向的大致範疇；但由於是長程目標，不免略顯籠統，例如：「語-2-3 敘說生活經驗」，幼兒要「敘說」到什麼程度，才算達成目標呢？因此，我們需要**更具體的目標指出明確的學習重點與方向**，這便是學習指標。

## （二）學習指標

　　和課程目標一樣，學習指標也是**目標**，它比課程目標更具體。在每一項課程目標下，都有與之對應的分屬四個年齡層之學習指標。每個年齡層的學習指標數量不等，因為對於 2 至 6 歲這四個年齡層的幼兒而言，對各種溝通媒介的熟悉程度與學習的必要性並不均等。學習指標除了**是分齡學習目標**，也標示幼兒的**學習潛力**。但是，我們怎麼知道臺灣幼兒的語言學習潛力呢？

　　**學習指標的建構**，主要源自「新課綱」語文領域研究團隊於 2006 年 2 月至 2008 年 1 月歷時約兩年的實徵研究成果。這項研究的主要目標，是了解臺灣幼兒的語文發展現況。研究團隊以三種自行設計與編製的測驗，蒐集 624 位幼兒的語文資料進行分析。經過多次縝密的討論，研究團隊將研究成果轉化成語文領域的學習指標。2009 年 2 月至 2010 年 1 月，「新課

綱」研究團隊將「新課綱」草案（含總綱與六大領域）於全國共 21 所幼稚園與托兒所實驗後，語文領域的學習指標再進行微幅調整，包括字詞的修改與概念的整理，而成為目前的樣子。2010 年 12 月至 2012 年 3 月，「幼兒園教保活動課程暫行大綱」第三期研究進行時，依據該期研究人員的建議，我透過小組會議、徵詢幼兒園老師的意見與不斷思考，微幅調整學習指標內涵（例如：配合其他領域，將「察覺」一詞改為「覺察」），並刪減較有爭議的項目（例如：刪去「語-大-1-2-2 能將一個字的聲音拆解成兩個語音」）。2016 年 12 月，在「新課綱」正式發布前，語文領域再經過以下三處修改：**一是**學習指標年齡層的調整，將「語-大-1-1-3 懂得簡單的比喻」調整為「語-小-1-1-3 懂得簡單的比喻」，並延續至 5～6 歲；將「語-大-2-2-4 使用簡單的比喻」調整為「語-中-2-2-4 使用簡單的比喻」，並延續至 5～6 歲。**二是**將「訊息類文本」分為兩個次類：「知識類圖畫書」與「書面訊息」，並配合這樣的分類，修改「語-中-1-5-1 知道各種訊息類文本的功能」為「語-中-1-5-1 知道知識類圖畫書的功能」，並新增學習指標「語-中-1-7-3 知道各種書面訊息的功能」。**最後**，課程目標「1-4 理解生活環境中的圖像與符號」被修改為「1-4 理解生活環境中的圖像符號」。

　　大體而言，語文領域的學習指標在 2008 年 1 月已大致建構完成，**建構方式**簡述如下（讀者可參閱蔡敏玲，2017）：

　　1.以理解和表達兩個溝通要務為經，以肢體、口語、圖像符號和文字功能共四個溝通媒介為緯，構成雙向細目表。

　　2.檢視雙向細目表中最需要理解的幼兒語文能力，著手設計三項語文測驗，以 118 位 2 至 3 歲幼兒（張馥麗，2007）、215 位 3 至 4 歲幼兒、205 位 4 至 5 歲幼兒，以及 204 位 5 至 6 歲幼兒為對象，理解幼兒讀寫萌發、看圖說故事和生活經驗敘說的能力。

3.將實徵研究結果一一轉化呈現在細目表的合適位置中，50 至 70%以上的幼兒能夠做得到的才列為學習指標。

4.參照文獻提及的其他研究成果、現場老師和小組成員與幼兒的互動經驗，並考量文化期望，增補與調整表格中的項目。

5.透過持續的小組會議、諮詢會議與聯席會議修定。

**學習指標指出幼兒的學習潛力**，因為它們是一般（50 至 70%以上）幼兒的能力。如果幼兒尚未展現學習指標指涉的能力，那就是潛力尚未發揮；此時，學習指標的作用就是**對教師的提醒**。提醒教師省思幼兒潛力無從彰顯的可能因素，例如：教室互動組織與方式、學習氛圍、教材選擇、活動氛圍與進行方式等。教師的責任在於協助幼兒展現學習指標所指陳的能力，並提醒自己創造讓這些能力發展與展現的機會。

## 三、各種目標間的關係：環環相扣

到目前為止，本章介紹了許多目標，包括領域目標、課程目標、學習指標。除了這些目標，一般教學現場教案中較常使用的是活動目標。這些目標之間環環相扣，如圖 3-1。

圖 3-1 清楚呈現「課程目標」、「學習指標」和「活動目標」之間的關係。教保人員們一起**研擬一學年或一學期的目標**時，可以從「新課綱」各領域現成的課程目標中挑選合適者做為學年目標或學期目標。而一學年或一學期的課程，通常包含好幾個單元或主題，在規劃**每個單元或主題**的主題網時，除了決定學習的**概念**，還要挑選**學習指標**來表示學習方向與重點。如果前一學期末或在學期初，教保人員在教學會議或課程發展會議中，已經選定某些課程目標為學期目標，在建構主題網時挑選學習指標就有了既定的範疇——從已選定的課程目標下的學習指標選起。

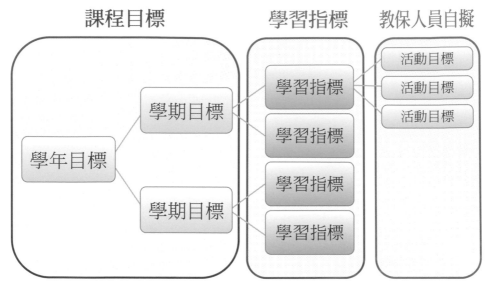

圖 3-1　課程目標、學習指標和活動目標之關係圖

　　挑選學習指標的意思是，在學習**活動進行前**，教保人員決定某個或某些活動要提升幼兒的哪些能力，例如：在規劃《我家住在大海邊》的主題課程時，教保人員想到一個活動的雛型：讓幼兒扮演綠蠵龜，爬上岸後在海邊玩了一陣子，再爬回大海。這是活動內涵，但是這個活動要提升幼兒的什麼能力呢？是身體動作與健康領域的動態平衡能力？還是美感領域的扮演能力？還是認知領域的觀察自然現象之特徵的能力？或是以上皆是？以上皆非呢？這就是教保人員的專業決定了。教保人員決定要提升幼兒的哪項或哪些能力，會影響活動設計的方向和活動中的引導方式。因此，教保人員應以平日對幼兒學習與發展狀況的觀察為基礎，考量幼兒的需要來挑選學習指標。

　　圖 3-2 呈現可以顯示各層次目標的關係之具體實例，例如：小煒老師在擔任大班（5～6 歲）教師時，學期初選定的學期目標之一是「語-2-5 運

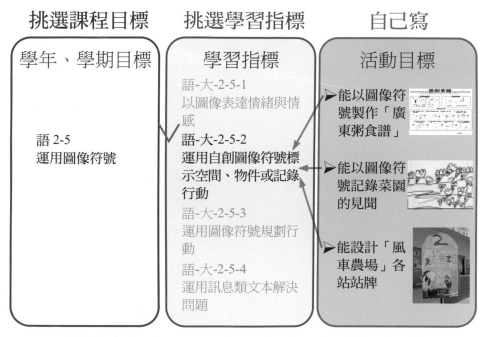

**圖 3-2** 課程目標、學習指標和活動目標間的關係之具體示例

用圖像符號」，在這個課程目標下，大班（5～6歲）的學習指標有四項，包括：「語-大-2-5-1 以圖像表達情緒與情感」、「語-大-2-5-2 運用自創圖像符號標示空間、物件或記錄行動」、「語-大-2-5-3 運用圖像符號規劃行動」，以及「語-大-2-5-4 運用訊息類文本解決問題」。而小煒老師規劃的主題課程「家人的拿手絕活」，僅選擇其中之一，即「語-大-2-5-2 運用自創圖像符號標示空間、物件或記錄行動」。這項學習指標，透過三個活動才達成，如圖 3-2 顯示，這三個活動裡各有一項可達成此學習指標的活動目標，包括：「能以圖像符號製作『廣東粥食譜』」、「能以圖像符號記錄菜園的見聞」，以及「能設計『風車農場』各站站牌」。圖 3-2 中的小圖是幼兒的作品，顯示各項活動目標已經達成，因而「語-大-2-5-2」這項學習指標也就達成了；當「語-2-5」下的四項學習指標都達成時，

「語-2-5」這項課程目標也就達成了。

　　以上說明課程目標、學習指標和活動目標之間的關係。那麼，**領域目標的角色是什麼呢**？在課程實施的過程中，領域目標表面上看來沒有實質的角色，在規劃課程時也不會使用現有的五項領域目標。然而，如本章第一頁所述，領域目標的主要功能在於提醒**語文學習的核心重點**；這些重點並非僅是空洞的口號，每項領域目標的內涵都與課程目標有關，且**可由一項或多項課程目標共同達成**。表 3-5 呈現領域目標與課程目標內涵的關係。

表 3-5　領域目標與課程目標內涵的關係

| 領域目標 | 課程目標 |
|---|---|
| 1. 體驗並覺知語文的趣味與功能 | 語-1-2 理解歌謠和口語的音韻特性<br>語-1-4 理解生活環境中的圖像符號<br>語-1-5 理解圖畫書的內容與功能<br>語-1-6 熟悉閱讀華文的方式<br>語-1-7 理解文字的功能<br>語-2-5 運用圖像符號 |
| 2. 合宜參與日常社會互動情境 | 語-1-1 理解互動對象的意圖<br>語-2-1 以肢體語言表達<br>語-2-2 以口語參與互動 |
| 3. 慣於敘說經驗與編織故事 | 語-2-3 敘說生活經驗<br>語-2-4 看圖敘說<br>語-2-7 編創與演出敘事文本 |
| 4. 喜歡閱讀並展現個人觀點 | 語-2-6 回應敘事文本 |
| 5. 認識並欣賞社會中使用多種語文的情形 | 語-1-1 理解互動對象的意圖<br>語-1-3 認識社會使用多種語言的情形 |

　　由此看來，本章所提的各種目標，由**具體到抽象**的順序應該是活動目標、學習指標、課程目標和領域目標。領域目標揭示語文領域的學習重點，接下來說明語文領域的精神與特色。

# 四、語文領域的精神與特色

語文領域，最**主要的信念有二**：一是，**相信故事的美和力量**，相信幼兒體驗了故事的美和力量後，會萌生喜歡與世界*互動*的態度，開啟探索各類文本的興趣；二是，**相信幼兒具備深度體驗與大膽創生的能量**，幼兒在使用語文的過程中學會語文，深度體驗各類文本之後，也能不斷創造具有個殊風味的文本。教保人員的角色就是以行動支持這樣的信念，讓這樣的相信在幼兒園生活中落實。

以下簡要介紹「新課綱」語文領域的精神與特色；同步也說明《幼稚園課程標準》（教育部，1987）中的語文領域和「新課綱」語文領域兩者的主要差異，希望有助於讀者掌握「新課綱」語文領域的核心內涵。

相較於《幼稚園課程標準》中的語文領域，我們可從以下三個面向來檢視「新課綱」語文領域**概念的更新與範疇的擴大**：

1.從故事到敘事文本。

2.從個人說話到社會互動。

3.從精熟國語到欣賞多語處境。

## （一）從故事到敘事文本

### 1.故事和敘事文本

在幼兒園的學習活動中，聽、說、演出與創作故事占據了十分重要的位置。幼教現場裡，不論是資深或新手教師，都非常看重故事的運用。每年夏天，在競爭激烈的幼兒園教師甄試場合裡，於短短 10 至 15 分鐘的教學演示時間中，參加甄試的準老師們，約八成以上都選擇說一則故事作為演示的開端，足見**在這些考生的概念裡，故事是幼兒園教學中的核心活動**。《幼稚園課程標準》語文領域的「範圍」，包含「故事和歌謠」、

「說話」與「閱讀」三個項目（教育部，1987，頁 63-70）。「新課綱」語文領域當然強調故事的重要價值，但除了使用「故事」、「歌謠」這兩個詞外，另外使用了一個教保人員可能感覺較陌生的詞——「敘事文本」。**語詞的不同，就是概念的不同。**讓我們來看看「敘事文本」這個詞的意義、它與「故事」的差異，以及使用這個詞彙的必要理由。

有一次，媽媽跟我說了一件令她難以忘懷的童年往事：

要去畢業旅行

我母ちゃん[1]說我會暈車不給我去

我說不會不會我要去

我阿叔就說那我給你 10 塊

當時怎麼忘記問阿叔既然要給 10 塊怎麼不就給 13 塊呢

結果欠 3 塊就不能去

不能去


我們家就住在學校旁邊

畢業旅行那一天

我在學校旁邊的田種馬鈴薯

我用草比著比著[2]

馬鈴薯一個一個種下去

抬頭看著同學一個一個走過去

眼淚一直流下來

---

1 媽媽一詞的日文，發音為 ka-jiang。
2 指用一根草的長度來控制種植的間距。

邊種邊哭

眼淚流個不停

土都濕了

哭的眼淚剛好用來澆灌那些馬鈴薯……

　　這段往事，媽媽說了一次我就記得了。同學一個一個走過去，而瘦小的女孩對著眼前一個一個種下的、發芽的馬鈴薯塊落淚的情境，非常動人。這是一個故事嗎？你可能會認為：「不是吧？」然而，這段敘說卻開啟了我和媽媽關於她的童年的許多對話，具體勾勒出 **1940 年代一個農村女孩的生活況貌**。媽媽的這段童年往事雖然不見得算是故事，對我倆而言卻都是一段十分珍貴而且獨特的敘事文本。我們再來看另一個例子。2006年中秋節過後，4 歲女孩慧中在教室裡，和全班分享了她的假日生活：

我今天有在我們家門口烤肉

因為媽媽跟阿公帶我去阿公他們家烤肉

然後然後然後牠·[3]有一隻貓咪牠也要吃

結果結果貓咪·帶牠去散步

然後然後我姊姊·我姊姊她每天在家裡讀書

然後然後我沒有壞

我們·我們還有吃月餅


有一個·有一個小狗

然後貓咪就跟小狗打架

---

3　這個符號「·」表示敘說者短暫的停頓。

結果他們就翻倒了雞蛋

然後‧然後有圓圓的月亮在看我們

沒有了（錄音，2006-10-23）

　　這段分享，雖然有兩句似乎與敘說主題無關的話語，然而，質樸的語言真切地**呈現幼兒對生活的關注面向與個人感受**，這樣的敘說也是一則敘事文本。又如，校外教學當下或之後，老師和幼兒一起**把這段共同的經驗畫出來**，依照時序或者其他順序組合成的**連環畫集**，也是敘事文本。

　　其實，故事也是敘事文本，而且是最普及的一種；然而，以上的例子告訴我們：故事並**不是唯一**的敘事文本類型。那麼，**敘事文本究竟是什麼呢**？先界定文本，文本是「使用有系統的表義符號（如肢體、口語、圖像符號、文字、劇場語言、電影語言）創造出的作品」（教育部，2017，頁56）。現在只需要再解釋「敘事」就可以了。望文生義，「敘事」就是敘述或敘說事情，問題在於：**怎樣的經驗才算是「事情」呢**？Labov 與 Walesky（1967）曾對「敘說」（'narrative'）提出一個精簡的定義，他們認為，口語中至少必須包含兩個具有時間順序（先後）的行動，才算敘說。參考這樣的定義，我們可以把「**事情**」界定為：「涉及至少兩個時間點的經驗。」依據這樣的思考理路，**敘事文本**可說就是：**使用有系統的表義符號（如肢體、口語、圖像符號、文字、劇場語言、電影語言）表達涉及至少兩個時間點的經驗，所創造出的文本**。在這個定義下，一場默劇、口頭經驗分享、口說故事、無字／有字圖畫故事書、一場舞台劇、一部電影，都可說是敘事文本。

　　讓我們進一步整理故事和敘事文本的差異與關係。

　　就範疇而言，「故事」只是某一類型的文學作品，通常指涉現成的、已經存在、可以取用的文本。而所有敘述事情的文學作品（如故事、敘事

詩、戲劇等），以及由我們自己在生活中建構，敘述某件或某些事情的文本，都是「敘事文本」。所以，**故事是一種敘事文本；但並非所有的敘事文本都是故事。**

　　就形式而言，只要是敘述事情的文本就是敘事文本。而敘事文本要被稱為**故事，則必須符合某些特定的標準**，而且**不同的文化對何謂故事也有不同的界定方式**，例如：Bruner（2002, p. 5）提到，一種「**情況的突然逆轉**」（亞里斯多德的概念"peripeteia"），會將尋常的例行事件變成故事。相對地，美國懷俄明州的原住民族 Arapaho 所說的故事，「蜿蜒而行，沒有明確的起點與終點，沒有高潮也沒有結局」（Cazden, 1998, p. 18）。

　　語文領域使用「敘事文本」一詞，主要的用意是：希望幼兒和所有的教保人員除了**珍視故事**，也要**重視**那些就在我們身邊、呼之欲出的、飽含情感、活力、巧思與創意的**敘事文本**。除了他人創造的好故事，教保人員也可以鼓勵自己、鼓勵幼兒，一起創造帶有生活滋味的敘事文本。

### 2.從工具化故事到體驗敘事文本

　　前面提過，夏天裡幼兒園教師甄試教學演示的現場，考生相當一致地選擇「說故事」為演示的開端活動。令人氣餒的是：十分一致地，十之八九的故事都是關於小孩不守規矩而遭逢負面後果的故事。活動主題是「溜滑梯」，演示者就說小孩溜滑梯不守規則因而受傷的「故事」；活動主題是「夏天」，演示者就說小孩夏天不洗手，結果導致肚子痛的「故事」。令人不解的是：講述這些故事的準老師們真的認為這些以教導為主要目標的文本是好聽的故事嗎？還是演示者以為這些教導某特定訊息的文本就是審查委員期望聽到的「好故事」呢？

　　**以故事作為教導規則、規範的工具，就是把故事工具化。**這樣的現象不只發生於教師甄試的考場，就算在一般幼兒園教室裡似乎也很普遍。老

師以一則故事來「引起動機」，或以故事作為分組活動的引子，都是很常見的教學景況。在這樣的教學歷程中，老師關注的重點是幼兒能否學會遵守規矩或接收到某特定訊息；而故事的內涵或品質幾乎不在考慮之列。比起以故事來訓勉或教導幼兒，幼兒園教室裡更為常見的是——當幼兒出現焦躁的情緒、吵鬧的情形時，老師要全班一起唸誦兒歌、童謠、手指謠來「鎮住」場面。此種將敘事文本工具化的現象，在華人教育史中，自然有其歷史脈絡；而《幼稚園課程標準》對老師的建議，似乎也透露了類似的主張。《幼稚園課程標準》建議教師，可「配合大單元設計教學活動」，或在「幼兒注意力不集中時，工作過久時，或等待點心分配的時間」，「實施故事或歌謠教學」（教育部，1987，頁65）。敘事文本成了教導規則、補白、過場的工具，非常可惜。「新課綱」語文領域希望提醒大家：**敘事文本對於人最主要的意義，並不是鎮定神經，而是滋養靈魂。**

　　由於敘事文本貼近人心且非常可親，把敘事文本當成教學「工具」的作法不太可能全然消失；然而，「新課綱」語文領域強調：**工具化並非運用敘事文本的唯一方式。**教保人員體驗敘事文本的美、趣味與豐富細膩的內涵，自然就能和幼兒一起共讀，一起經歷充滿各種可能的探險。「新課綱」語文領域期望教保人員重視敘事文本本身的價值，而歌謠的音韻與節奏，故事中的角色、情節、場景和主題等，就是探索的焦點。教保人員應該和幼兒一起細膩地體驗歌謠、童詩與故事，因為，**「體驗」是學習的歷程，也是學習的目的。**

## （二）從個人說話到社會互動

　　讓我們試著想像國小裡「國語文競賽」的場景：不論演說、朗讀、講故事、寫文章，參賽的選手被要求發音清晰、語調豐富、詞句漂亮，完整呈現一段精采的演出。得獎者大抵被視為語文能力佳，這些語文能力佳的

好手，不論是聽、說、讀、寫，被評估的一致是**個人獨自展現的能力**。

《幼稚園課程標準》（教育部，1987）的語文領域內容中有一項是「說話」，之下又有四個子項目：「（1）自由交談。（2）自由發表。（3）問答。（4）討論」（頁66）。然而，這些子項目只列出標題，沒有其他文字說明。在「說話」這項標題下的「教學方法」中，《幼稚園課程標準》建議教師「在日常生活中，隨時培養幼兒聽話的能力及發表的能力，並注意其良好的語言技巧、習慣、態度和禮貌」（頁 67）。這樣的說法顯示：《幼稚園課程標準》似乎比較重視幼兒個別展現的說話能力。

準確的發音、抑揚頓挫的語調和大量的詞句確實能使人有效地表達想法，但是具備此種能力的人卻不見得就能順暢地與他人交流，例如：參加華語、客語或閩南語演講比賽獲得冠軍的孩子，離開了比賽現場，未必能和家人談天說地、一起活動，甚至共同解決問題。語文領域的第二項**目標是「合宜參與日常社會互動情境」**。第一章曾提及，語文領域將語文視為一種**社會溝通系統**，因此，有效、適切地與人互動，比個人個別展現語文能力更加重要。「新課綱」語文領域重視 2 至 6 歲幼兒在日常生活中順暢地參與社會互動的能力，而不是獨自一人在抽離生活的情境中（如講台上），展現過人的聽、說、讀、寫能力。

## （三）從精熟國語到欣賞多語處境

《幼稚園課程標準》（教育部，1987）強調教師需要以「正確的國語教學說話」，培養幼兒「用國語思想」，使幼兒「一聽到國語的聲音，馬上就產生事物的觀念；一泛起事物的觀念，馬上就說出國語的聲音」（頁67）。很明顯地，《幼稚園課程標準》重視幼兒以國語思考的能力，期望塑造幼兒與國語之強烈連結。其實，「正確」的國語究竟如何界定，在目前的臺灣社會並沒有一致的看法。相對地，「新課綱」語文領域的第五項

領域目標是「**認識並欣賞社會中使用多種語文的情形**」。目標的差異，明白顯示《幼稚園課程標準》與「新課綱」語文領域面對多種語言的立場之差異。「新課綱」語文領域主張教保人員應協助幼兒「**認識並欣賞社會中使用多種語文的情形**」，至少有以下兩個理由。

首先，語文學習應該達成幫助幼兒在當地自在生活的目標。臺灣社會使用多種語文，臺灣的幼兒自然應該學習**認識**這樣的處境。

其次，使用多種語文是一種文化優勢，臺灣幼兒應該懂得**欣賞**這樣的局面。學會一種語言，就像打開了一道通往某一世界的門，並非空話。語文不是中性、透明的工具，語文本身就是價值觀，看世界的方式，例如：某幼兒園的 4 歲孩子以不同的語詞告訴老師他們忘了帶手帕。大部份的孩子就跟老師說：「*我忘記帶手帕了。*」有個男孩僅簡要地說：「*無巾*」（閩南語）。另一個來自中國河南的女孩說：「*我的手絹兒忘了帶了。*」這個男孩把手帕稱為「巾」，對他而言，手帕是小一點的毛巾，功能和毛巾一樣，就是把水（包括汗水）擦乾。對這個男孩來說，手帕是「巾」，抹布也是「巾」。對河南女孩來說，「手絹兒」不只是小一點的毛巾，而是由不同於毛巾的材質製成的紡織品，或許是用來標示女孩性情的細緻隨身物。使用不同的語詞指稱同樣的物品，明白展現這些孩子對某種物品的概念、看待該物品的方式有極大的差異。

幼兒在使用多種語言的臺灣社會生活，自然也就有豐沛的機會聽到或學習多種在地語言。教保人員應該重視並善用這樣的環境優勢，幫助幼兒欣賞各種在地語言之美，並認識看待物品、生活與世界的多元方式。

接下來的第四章，將仔細說明語文領域每一項課程目標和學習指標，必要時提供實例。透過這些說明與實例，讀者可以逐步體會上述語文領域的精神與特色。

# Chapter

# 4 課程目標和學習指標：
說明與實例

蔡敏玲、戴芳煒

　　以下以同一列指標為單位，逐一說明**課程目標**及其下各**學習指標**的意義與學習重點，**必要時**提供實例，以呈現該學習指標在幼兒園的學習活動或生活裡達成時之狀態，或分享達成指標的可能方式，供教保人員參考。

| 課程目標 | 2-3歲<br>學習指標 | 3-4歲<br>學習指標 | 4-5歲<br>學習指標 | 5-6歲<br>學習指標 |
|---|---|---|---|---|
| 語-1-1<br>理解互動對象<br>的意圖 | 語-幼-1-1-1<br>理解簡單的手<br>勢、表情與口<br>語指示 | 語-小-1-1-1　→ | 語-中-1-1-1<br>合宜詮釋互動<br>對象的表情和<br>肢體動作 | 語-大-1-1-1　→ |
|  | 語-幼-1-1-2<br>理解一對一互<br>動情境中輪流<br>說話的規則 | 語-小-1-1-2<br>理解團體互動<br>中輪流說話的<br>規則 | 語-中-1-1-2　→ | 語-大-1-1-2 |
|  |  | 語-小-1-1-3<br>懂得簡單的比<br>喻 | 語-中-1-1-3　→ | 語-大-1-1-3　→ |
|  |  |  |  | 語-大-1-1-4<br>理解互動對象<br>間接的請求與<br>拒絕 |

語-1-1 理解互動對象的意圖

　　「互動對象在說些什麼？」「她╱他要我做什麼？」「那個手勢是什麼意思？」這是我們和人互動時，常常在腦海裡出現的問題。人說話時，通常會同步配合表情、手勢或其他肢體動作來表達意義。**「理解互動對象的意圖」**因而經常涉及理解口語和理解肢體語言兩種行動。互動對象有時候會以間接的方式表達請求或拒絕，有時候會使用比喻。此外，**「理解互動對象的意圖」**還涉及對互動規則的理解：幼兒從受到眾人關注的家庭來到有好多同學的學校，在幼幼班學會和老師或同學在一對一的情境中輪流說話；從小班開始，逐步學習在兩人以上的團體情境中說話的規則。

　　「互動對象在說些什麼？」透過在生活中學習詮釋口語和同步發生的手勢、姿勢或動作，幼兒可以漸漸理解互動對象想表達的意思。

| 課程目標 | 2-3 歲<br>學習指標 | 3-4 歲<br>學習指標 | 4-5 歲<br>學習指標 | 5-6 歲<br>學習指標 |
|---|---|---|---|---|
| 語-1-1<br>理解互動對象<br>的意圖 | 語-幼-1-1-1<br>理解簡單的手<br>勢、表情與口<br>語指示 | 語-小-1-1-1<br>　　　⟶ | 語-中-1-1-1<br>合宜詮釋互動<br>對象的表情和<br>肢體動作 | 語-大-1-1-1<br>　　　⟶ |

**語-幼-1-1-1 理解簡單的手勢、表情與口語指示**

　　教保人員在和幼兒互動時，記得以幼兒較容易理解的手勢和表情搭配口語來表達意義。

實例-語-幼-1-1-1

　　在團體互動前，老師走到團討區前方，朝全班孩子看過一輪，微笑，然後將雙手手掌朝向自己的胸前，往自身方向前後揮動。久而久之，孩子看見老師上述的表情和肢體動作就知道：「**老師要我們往她站著的方向移動**」、「**老師要請我們集合了**」，而自動往團討區靠近。

| 課程目標 | 2-3 歲<br>學習指標 | 3-4 歲<br>學習指標 | 4-5 歲<br>學習指標 | 5-6 歲<br>學習指標 |
|---|---|---|---|---|
| 語-1-1<br>理解互動對象<br>的意圖 | 語-幼-1-1-2<br>理解一對一互<br>動情境中輪流<br>說話的規則 | 語-小-1-1-2<br>理解團體互動<br>中輪流說話的<br>規則 | 語-中-1-1-2<br>→ | 語-大-1-1-2<br>→ |

### 語-幼-1-1-2 理解一對一互動情境中輪流說話的規則

　　對於幼幼班中的 2～3 歲幼兒來說，團體生活是全新的經驗。除了為數不多的全班團體互動情境外，教保人員多半是和幼兒一對一說話，以協助幼兒慢慢適應學校生活。教保人員以「一對一」的方式對幼兒說話，可以幫助幼兒理解在兩人互動情境中，輪流說話的規則。教保人員說完話或提出問題後，如果幼兒只是張大眼睛看著你，教保人員可以鼓勵幼兒：「現在輪到你說話了喔。」

　　「**我說完了換你，你說完了換我**」，這個看起來十分簡單的規則，是學習與他人進行口語互動的重要基礎。

### 語-小、中、大-1-1-2 理解團體互動中輪流說話的規則

　　從小班至大班，幼兒有許多在團體互動情境中說話的機會。同一個時間點，許多人都想說話，務必要建立互動的規則，團體互動才能順利進行。互動規則如何產生？是完全由教保人員來分配說話的權利，還是讓幼兒自己舉手爭取說話的機會？是讓幼兒自由說話，還是讓幼兒依照座號輪流說話呢？**團體互動的規則，因情境或因班級而異**；但是說話權的決定方式（如教保人員規定、幼兒舉手爭取，或由教保人員和幼兒一起討論後決定），必然會影響幼兒對「學生」和「老師」的角色概念建構。以下提供建立團體互動說話規則的重要原則：

‧關注幼兒表達的慾望。

‧衡量幼兒與教保人員說話權利的均等。

‧提供說話的機會給不太敢主動爭取發言權的幼兒。

‧和幼兒**一起**建立班級團體互動的說話規則。

| 課程目標 | 2-3 歲<br>學習指標 | 3-4 歲<br>學習指標 | 4-5 歲<br>學習指標 | 5-6 歲<br>學習指標 |
|---|---|---|---|---|
| 語-1-1<br>理解互動對象<br>的意圖 | | 語-小-1-1-3<br>懂得簡單的比<br>喻 | 語-中-1-1-3<br>⟶ | 語-大-1-1-3<br>⟶ |

**語-小、中、大-1-1-3 懂得簡單的比喻**

1.口語比喻最常出現的形式是說：「某種東西像什麼。」有時候，使用比喻的人會把什麼東西像什麼明白說出來（明喻），有時候卻不明說（隱喻）。在以下的例子中，午睡時段翻來覆去睡不著的孩子被描述為「毛毛蟲」，而同伴拉扯頭髮的行動被描述為「拔蘿蔔」，這都是不明說的比喻。

2.比喻從哪裡來？教保人員自己的話語、童詩和故事，是幼兒可以學習和理解比喻最重要的三個源頭。

3.教保人員和幼兒說話時多多使用比喻，常常和幼兒一起閱讀，在童詩和故事（如下圖）裡與精彩的比喻相遇，才能幫助幼兒學習和理解比喻。

文・圖／林小杯
信誼出版

文・圖／沙基・布勒奇
譯者／黃筱茵
米奇巴克出版

文／阿朗・賽赫
圖／露西・帕拉桑
譯者／謝蕙心
米奇巴克出版

　　以下兩個實例幫助我們見識到，好的比喻和幽默感有時候也有緩和氣氛、化解緊張狀態的功能。

**實例-語-小、中、大-1-1-3**

　　午睡時，幾個孩子特別浮躁，動來動去難以入睡。

　　老師說：「我們班有毛毛蟲喔！等一下我來抓蟲，把蟲放回樹上。」

　　這幾個孩子笑了出來，立刻躺好，準備進入夢鄉。

**實例-語-小、中、大-1-1-3**

　　早晨的角落活動時，柏皓告訴老師：「老師，立傑拉我頭髮。」

　　老師輕鬆回應：「他以為你是蘿蔔喔？」

　　柏皓生氣的臉馬上轉成笑顏：「對啊！」

　　帶著還掛在臉上的傻笑，柏皓跑回同伴處繼續遊戲。

　　兩天前，這個班級在下午的師生共讀時段才剛剛讀過《大家一起拔蘿蔔》（如下圖），所以柏皓立刻明白老師的意思。

改編／林世仁、陳致元；圖／陳致元
和英出版

| 課程目標 | 2-3 歲<br>學習指標 | 3-4 歲<br>學習指標 | 4-5 歲<br>學習指標 | 5-6 歲<br>學習指標 |
|---|---|---|---|---|
| 語-1-1<br>理解互動對象<br>的意圖 | | | | 語-大-1-1-4<br>理解互動對象<br>間接的請求與<br>拒絕 |

**語-大-1-1-4 理解互動對象間接的請求與拒絕**

　　1.以間接的方式表達是華人世界中常用的說話方式。在幼兒園階段，教保人員和幼兒同儕間彼此的口語互動，都是協助幼兒理解此種表達的機會。

　　2.有些幼兒就像以下實例裡的幼兒，不理解老師的問句其實是間接的提醒，還老老實實地回答老師提出的問題。此時，**教保人員可以如例子中的老師和女孩，直接說明問句的真正用意**。假以時日，幼兒就能正確詮釋間接表達的話語中，互動者真正的意圖──可能是請求協助、提醒或拒絕。

　　3.留心觀察，我們可以發現，有些幼兒也會使用間接的方式表達自己的需求，例如：幼兒一早踏進教室，發現老師的桌上放了一包夾心餅乾，便問老師：「那一包餅乾是要給誰吃的呢？」或是「那個夾心是什麼口味啊？」這些表面是問句的話語，或許說出了「我想吃餅乾」的願望。

實例-語-大-1-1-4

　　老師帶著幼兒在運動場跑步，30分鐘後回到教室。依照默契，孩子自己擦乾汗水後，要安靜地坐在團討區喝水。此時，有幾個男孩大聲說話，於是老師對全班說：「誰還在說話呀？」

　　說話的男孩中有一個立刻站了起來，踮著腳尖舉起手，看著老師說：「老師，是我們。」

　　坐在他身旁的女孩拉他坐下，並說：「老師就是叫你們不要再說話了啦！」老師笑了笑，接著說：「對，我就是提醒你們，喝水要安靜、慢慢地喝，一邊說話一邊喝水很容易嗆到喔！」

| 課程目標 | 2-3 歲<br>學習指標 | 3-4 歲<br>學習指標 | 4-5 歲<br>學習指標 | 5-6 歲<br>學習指標 |
|---|---|---|---|---|
| 語-1-2<br>理解歌謠和口語的音韻特性 | 語-幼-1-2-1<br>喜歡聆聽童謠 | 語-小-1-2-1<br>覺察兒歌與童詩的韻腳 | 語-中-1-2-1<br>辨認兒歌與童詩的韻腳 | 語-大-1-2-1<br>→ |
| | | 語-小-1-2-2<br>覺察重複聽到的字詞 | 語-中-1-2-2<br>知道語音可以組合 | 語-大-1-2-2<br>→ |

語-1-2 理解歌謠和口語的音韻特性

1.日常說話或聆聽、唸唱歌謠，都是理解音韻特性的好時機。有些語音是由聲母和韻母組成的，像是「ㄊㄞˋ」；有些語音則是由兩個韻母組成的，像「ㄧㄤˊ」。我們對於聲音的組成方式，以及聲音在歌謠中出現的規則之覺察與認識，就是對音韻特性的覺知。

2.兒歌與童謠中，總是有許多字詞、韻母重複出現的情形，例如：閩南語童謠「西北雨」中的這幾句：「日頭暗尋無路 趕緊來火金姑 做好心來照路 西北雨直直落」，除了每句都押韻，每句也包含兩個由三個字構成的詞（如，趕緊來、火金姑），唸唱時呈現一樣的節奏，幼兒很容易在唸唱時覺察聲音的重複與特性。

| 課程目標 | 2-3 歲<br>學習指標 | 3-4 歲<br>學習指標 | 4-5 歲<br>學習指標 | 5-6 歲<br>學習指標 |
|---|---|---|---|---|
| 語-1-2<br>理解歌謠和口語的音韻特性 | 語-幼-1-2-1<br>喜歡聆聽童謠 | 語-小-1-2-1<br>覺察兒歌與童詩的韻腳 | 語-中-1-2-1<br>辨認兒歌與童詩的韻腳 | 語-大-1-2-1<br>——————→ |

### 語-幼-1-2-1 喜歡聆聽童謠

1.協助幼兒掌握歌謠和口語的音韻特性之前，教保人員必須提供幼兒**大量聆聽童謠的經驗**。但是，**哪一種語言的童謠呢？若要幫助幼兒「認識並欣賞社會中使用多種語文的情形」**〔領域目標（五）〕，平日提供的**童謠就要涵蓋臺灣社會使用的各種語言**，包括：華語、閩南語、客語和原住民語。

2.原住民有十六族，要選擇哪一族的童謠呢？教保人員如果是原住民，建議以教保人員自身或班上原住民幼兒的族語為起點。教保人員還可以邀請幼兒的父母或祖父母口誦童謠，以錄音方式和全班幼兒分享。如果班上沒有原住民教保人員，也沒有原住民幼兒，那麼教保人員就可以從可及之資源（如網路分享的影像或聲音）挑選原住民童謠，和幼兒一起聆聽與欣賞。

3.幼兒如何才會喜歡聆聽童謠呢？其實，童謠的輕快節奏和重複韻腳，很容易就能吸引幼兒的關注，並跟著唱讀。教保人員可以安排一段全班一起專心聆聽童謠的時光，唸唱時搭配簡單、優美或有趣的肢體動作與手勢，和幼兒一起享受童謠的樂趣。

### 語-小-1-2-1 覺察兒歌與童詩的韻腳

1.「韻腳」就是兒歌或童詩所押的韻。

2.幼兒有了豐富的聆聽與唱讀各種語言歌謠的經驗後，在欣賞歌謠的

時段，**教保人員可以在幼兒聽完一首兒歌、童謠或童詩時**，問問幼兒：
「剛剛每句話的最後，有一個聲音一直重複，是什麼聲音呢？」幼兒若能
說出重複的聲音，就是覺察了某首歌謠或童詩的韻腳。以下有兩首兒歌：
「羊咩咩」是客語兒歌，重複的聲音是「啊」；「西北雨」是閩南語兒
歌，重複的聲音是「喔」。

實例-語-小-1-2-1-a

實例-語-小-1-2-1-b

### 語-中、大-1-2-1 辨認兒歌與童詩的韻腳

　　1.幼兒有了豐富的聆聽與唸唱童謠的經驗，教保人員便可以帶領幼兒
覺察韻腳。幼兒有相當多覺察韻腳的經驗後，教保人員就可以挑選已經聆
聽過、唸唱過的歌謠，逐一和幼兒一起再次聆聽與唸唱。

　　2.這一次，除了邀請幼兒說出「重複出現的聲音」，還要進一步詢問
幼兒：「這一首重複的聲音是『啊』，那一首重複的聲音是『喔』，這兩
個聲音一不一樣呢？」幼兒若**能夠辨別韻腳的異同，就是能夠辨認韻腳**
**了**。實例中的「大紅花」是華語兒歌，重複的聲音是「啊」；「點仔膠」
是閩南語兒歌，重複的聲音也是「啊」。幼兒若能聆聽得出兩首兒歌重複
的聲音一樣，也就是能辨認韻腳了。

實例-語-中、大-1-2-1-a　　　　　實例-語-中、大-1-2-1-b

**大紅花**

❖ 小花苞，快長大
❖ 下雨了，嘩啦啦
❖ 哇──開了一朵大紅花
　　　　（李紫蓉，2015）

**點仔膠**

❖ 點仔膠，黏著腳
❖ 叫阿爸，買豬腳
❖ 豬腳箍煮爛爛
❖ 飫鬼囡仔流嘴瀾
　　　　（施福珍，2003）

| 課程目標 | 2-3 歲<br>學習指標 | 3-4 歲<br>學習指標 | 4-5 歲<br>學習指標 | 5-6 歲<br>學習指標 |
|---|---|---|---|---|
| 語-1-2<br>理解歌謠和口語的音韻特性 | | 語-小-1-2-2<br>覺察重複聽到的字詞 | 語-中-1-2-2<br>知道語音可以組合 | 語-大-1-2-2 → |

**語-小-1-2-2 覺察重複聽到的字詞**

　　1.從生活周遭的話語聽出重複出現的字或詞，比「覺察韻腳」來得容易。有些幼兒很容易聽出公車站名中的某一個字或詞是在其他地方聽過的，例如：和外婆一起搭公車的幼兒聽到「中山國中站」的到站廣播，就問外婆：「外婆，這個『中』是不是就是我名字裡那個『中』啊？」

　　2.教保人員向幼兒介紹學校裡新貼上的海報時，可以讀出海報上的文字，**邀請幼兒聽聽看**，再鼓勵幼兒想想：「有哪些字是以前或在其他地方聽過的呢？」

　　3.在歌謠中有許多相同的字詞重複出現的機會，**在幫助幼兒覺察韻腳之前**，可以和幼兒一起找出歌謠中重複聽到的字音或詞音。


實例-語-小-1-2-2

　　小班幼兒澤維對老師說：「老師我告訴你喔，我是周澤維，哥哥是周岳川，我爸爸是周大成，怎麼都有『周』啊！」

　　坐在一旁的柏瑄接著說：「我們家昨天吃皮蛋瘦肉粥，也是『周』ㄟ。」

**語-中、大-1-2-2 知道語音可以組合**

　　1.兩個或兩個以上的語音可以組合，也是一種「音韻特性」。教保人員可以在任何活動的過程中，設計如下列實例的聲音組合小遊戲，創造幼兒組合聲音的機會。

　　2.聲音遊戲在任何活動中都可以進行，重點不是學會拼幾個音，而是透過體驗而知道：兩個語音可以組合成一個新的語音。

**實例-語-中、大-1-2-2**

　　在「永安漁港的老船長」主題課程中，老師和孩子一起看著一張臺灣海峽的圖片。老師靈機一動，邀請孩子想像自己站在大海邊，對著大海呼氣，發出像風輕輕笑著的「ㄏ」的聲音，再邀請孩子說出：「我愛你的『愛』。」接著告訴孩子：「我們要來變聲音魔術了喔。把兩個音合起來，『ㄏ』『ㄏ』『ㄏ』，『ㄞˋ』『ㄞˋ』『ㄞˋ』，合起來變成什麼音呢？」孩子說：「嗨！」老師微笑回應：「對了，我們一起跟大海打招呼：『嗨，大海你好』。」

| 課程目標 | 2-3歲<br>學習指標 | 3-4歲<br>學習指標 | 4-5歲<br>學習指標 | 5-6歲<br>學習指標 |
|---|---|---|---|---|
| 語-1-3<br>認識社會使用多種語言的情形 | 語-幼-1-3-1<br>覺察除了自己使用的語言，還有其他語言 | 語-小-1-3-1<br>知道生活環境中有各種不同的語言 | 語-中-1-3-1<br>⟶ | 語-大-1-3-1<br>知道本土語言和外語是不同的語言 |

語-1-3 認識社會使用多種語言的情形

　　1.這項課程目標下的學習指標，是假設幼兒生活於使用單一語言的家庭與社區而擬定。如果幼兒是在使用多種語言的家庭中長大，在還沒進入學校之前，應早已在生活中知道臺灣人使用多種語言了。

　　2.提供機會或創造情境讓幼兒認識臺灣社會使用多種語言的情形，幼兒才有可能「認識並欣賞社會中使用多種語文的情形」〔語文領域目標（五）〕。

　　3.從幼幼班到大班，教保人員可以循序漸進地向幼兒介紹臺灣的多語現象。

### 語-幼-1-3-1 覺察除了自己使用的語言，還有其他語言

　　1.邀請能流利使用華語以外的本土語言的幼兒家長到學校和全班幼兒說說話、分享生活經驗或教唱童謠。

　　2.教保人員可以請孩子仔細聆聽，聽聽來訪的媽媽、爸爸、阿嬤或阿公說的話，與幼兒和老師在學校說的話一不一樣。

### 語-小、中-1-3-1 知道生活環境中有各種不同的語言

　　1.帶幼兒在社區散步或逛傳統市場時，提示幼兒留心聽周遭的語言。

　　2.帶幼兒搭乘公共運輸工具（公車、火車、捷運）時，請幼兒注意報站播音員使用的語言。

　　3.在下列實例中，欣昱已經覺察阿嬤說的話和學校裡說的話是不一樣的語言，經過老師的補充說明，幼兒便知道阿嬤說的話叫做閩南語，和外國人使用的英語是不一樣的語言——這也是「語-大-1-3-1 知道本土語言和外語是不同的語言」的學習重點。

**實例-語-小、中-1-3-1**

　　在「家人的拿手絕活」主題中，老師決定帶孩子參觀欣昱家的龍眼樹和菜園。出發前幾日，老師先讓孩子想一想要問欣昱阿嬤的問題。行前，老師也提醒孩子想一想阿嬤說的話和老師說的話一不一樣。

　　老師：「欣昱阿嬤講的話，跟老師現在講的話一樣嗎？」

　　欣昱：「不一樣。」

　　老師：「阿嬤講的是怎樣的話？」

　　欣昱：「就是不一樣的，就是像英文那一種的。」

　　老師：「欣昱聽出來阿嬤講的話，還有英語，都是和老師現在講的話不一樣的話。不過，阿嬤說的話叫做閩南語，有一些外國人講的話是英語。」

## 語-大-1-3-1 知道本土語言和外語是不同的語言

　　1.幫助幼兒建構語言的兩大類別：「臺灣人使用的本土語言」和「外國人使用的語言」。公共運輸工具播報站名時通常會播報華語、閩南語、客語和英語，這是幫助幼兒分辨臺灣人和外國人使用不同語言的資源。

　　2.學校附近如果沒有以各種語言播報站名的交通工具，教保人員可以和幼兒分享自己或他人在國外旅遊的影片，以幫助幼兒認識臺灣的本土語言和外國人使用的語言是不一樣的語言。如此的分辨，重點在於幫助幼兒認得自己生活的土地上的人們所使用的語言。

| 課程目標 | 2-3 歲<br>學習指標 | 3-4 歲<br>學習指標 | 4-5 歲<br>學習指標 | 5-6 歲<br>學習指標 |
|---|---|---|---|---|
| 語-1-4<br>理解生活環境中的圖像符號 | 語-幼-1-4-1<br>覺察生活環境中常用的圖像符號 | 語-小-1-4-1 → | 語-中-1-4-1<br>理解符號中的具象物件內容 | 語-大-1-4-1<br>以生活環境中的線索詮釋符號的意義 |
| | 語-幼-1-4-2<br>認出代表自己或所屬群體的符號 | 語-小-1-4-2 → | 語-中-1-4-2<br>知道能使用圖像記錄與說明 | 語-大-1-4-2 → |

語-1-4 理解生活環境中的圖像符號

我們可以把生活的世界想成一本展開的**圖畫書**，裡面有文字，也有各種圖像和符號。和幼兒一起慢慢地、細心**閱讀**這本圖畫書，先從覺察常用的圖像符號開始，再從符號中的具象物件內容猜測符號的意義。最後，就像有經驗的讀者從語境（上下文）推敲文字和圖像的意義，幫助幼兒學會以生活環境中的線索，詮釋符號的意義。

| 課程目標 | 2-3 歲<br>學習指標 | 3-4 歲<br>學習指標 | 4-5 歲<br>學習指標 | 5-6 歲<br>學習指標 |
|---|---|---|---|---|
| 語-1-4<br>理解生活環境中的圖像符號 | 語-幼-1-4-1<br>覺察生活環境中常用的圖像符號 | 語-小-1-4-1<br>———→ | 語-中-1-4-1<br>理解符號中的具象物件內容 | 語-大-1-4-1<br>以生活環境中的線索詮釋符號的意義 |

**語-幼、小-1-4-1 覺察生活環境中常用的圖像符號**

　　每個班級生活環境中常見的圖像符號並不相同，這項指標提醒教保人員：和幼兒在空間中移動，遇見圖像或符號時，記得停下腳步，提醒幼兒觀看圖像或符號，邀請幼兒好好看看圖像或符號的形狀，並猜一猜這些圖像或符號的意思。

實例-語-幼、小-1-4-1

　　廁所標示，是提醒孩子覺察常見的圖像符號很實用的一個起點。

（蘇美冠老師提供）

**語-中-1-4-1 理解符號中的具象物件內容**

　　1.依據「新課綱」第一期實徵研究結果（蔡敏玲等人，2008），4～5歲幼兒詮釋符號時，大多依照符號中的具象物件內容推測符號的意義，例如： 實例-語-中-1-4-1 的禁止符號（🚫）中畫著蘋果和一杯飲料，幼兒大多表示這個符號的意思是：「**不可以吃蘋果，也不可以喝可樂。**」符號中的具象物件內容是**詮釋符號的重要起點**，教保人員可以協助幼兒理解：在

符號中，以一個物件（如上例中的蘋果）代表某一類物件（食物）的慣例。

2.教保人員可以運用自己或他人在國外旅遊時拍到的符號，**幫助幼兒逐漸理解：符號中的具象物件內容通常指涉某一類或某一範疇的物件**，例如：實例-語-大-1-4-1-b，老師使用在國外圖書館拍攝的照片，鼓勵幼兒思考符號的意義。

實例-語-中-1-4-1

教保人員問幼兒：「猜猜看這裡是什麼地方。」

幼兒1：「有很多書，嗯。」

幼兒2：「圖書館。」

教保人員再問幼兒：「沒錯，是一個學校裡的圖書館。那你們知道圖書館牆壁上的符號是什麼意思嗎？」

幼兒3：「不可以吃蘋果。」

幼兒2：「還有不可以喝可樂。」

（張淑松小姐提供）

**語-大-1-4-1 以生活環境中的線索詮釋符號的意義**

1.觀看符號中的具象物件之外，教保人員可協助幼兒運用生活環境中的線索來詮釋符號的意義，例如：呈現上述實例-語-中-1-4-1 的禁止符號時，**提醒幼兒這個符號出現在圖書館的牆上**，幼兒便會以圖書館為脈絡來思考符號的意義。

2.這項指標的學習重點在於**運用環境、情境或生活經驗為脈絡來思考符號的意義**，這樣的思考有助於提升閱讀符號之能力以及整體閱讀能力。

**實例-語-大-1-4-1-a**

　　右圖被貼在一家餐廳內部某扇門上，老師請幼兒猜猜這個符號的意義。

（蔡玲玲小姐繪製）

　　幼兒 1：「小孩不可以走那個門，大人才可以。」

　　幼兒 2：「女生不可以經過那個門，男生可以。」

　　老師提醒幼兒，這個符號貼在餐廳裡喔，邀請幼兒再想想看。

　　或許因為考量這個空間中的主要行動是「吃」，有一位幼兒這樣詮釋上述符號的意義：

　　「就是請大家不可以把鞋脫掉，因為腳很臭，吃東西的人會吃不下。」

　　這個例子中的前兩位幼兒是依據符號本身的圖像來猜測符號的意義；第三位幼兒就是以場所──餐廳為脈絡來思考符號的意義。

**實例-語-大-1-4-1-b**

　　老師告訴孩子，右圖是她在國外圖書館看到的符號，請幼兒說說這個符號是什麼意思。

（戴芳煒老師提供）

　　孩子們說：「不可以帶小狗進去。」

　　允澧：「小狗會汪汪汪，這樣會吵到別人看書。」

　　靖言：「小狗會大便，圖書館會很髒，而且很臭。」

　　**老師：「那小貓或烏龜可以進去嗎？」**

孩子們：「不行，只要是動物通通都不行！」

君偉：「如果小狗想看書，主人可以去借出來給牠看。」

老師提出的問題，用意在於引導幼兒思考小狗符號代表所有的動物，而不只是指涉小狗。

老師提示符號出現的地點或場所，幼兒思考符號的意義時，就有了具體的脈絡。

| 課程目標 | 2-3 歲<br>學習指標 | 3-4 歲<br>學習指標 | 4-5 歲<br>學習指標 | 5-6 歲<br>學習指標 |
|---|---|---|---|---|
| 語-1-4<br>理解生活環境中的圖像符號 | 語-幼-1-4-2<br>認出代表自己或所屬群體的符號 | 語-小-1-4-2　→ | 語-中-1-4-2<br>知道能使用圖像記錄與說明 | 語-大-1-4-2　→ |

**語-幼、小-1-4-2 認出代表自己或所屬群體的符號**

　　1.幼兒通常喜歡自己的水壺、座椅、蠟筆盒等用品上有代表自己的符號。教保人員可以鼓勵幼兒繪製自己喜歡的圖像或是讓幼兒選擇姓名貼的圖樣，幫助幼兒認出圖像來辨認屬於自己的物件。

　　2.幼幼班的幼兒通常會被分為幾個小組，教保人員可以和幼兒一起繪製代表某個小組的圖像。由全班活動轉為小組活動時，幼兒就可以看著圖像找到自己所屬的小組，參與後續的活動。

　　3.運動會或全園活動，是幼兒認出所屬群體（班級）的代表符號和文字的好時機，例如：實例-語-幼、小-1-4-2，小班幼兒認得代表「咪咪班」的圖像和文字。

實例-語-幼、小-1-4-2

（林瑞敏老師提供）

### 語-中、大-1-4-2 知道能使用圖像記錄與說明

　　1.教保人員和幼兒進行團體或小組討論時，使用文字和圖像記錄自己或幼兒的想法，幼兒就知道文字和圖像可以把想法記下來。

　　2.以圖像呈現需要「**全班或一組幼兒一起記得**」的事情，也有同樣的功能。

**實例-語-中、大-1-4-2-a**

　　右圖中的實習老師正以圖像記下幼兒運用摺紙作品編故事的內容。

（羅雅蓮小姐、徐嘉昀小姐提供）

**實例-語-中、大-1-4-2-b**

　　孩子們分享玩具、一起玩玩具後，將自己最喜歡的玩具畫下來成為記錄。實例中的老師請孩子說一說自己的玩具記錄畫，說說為什麼喜歡這個玩具，喜歡和誰一起玩。接著，如右圖顯示，老師正在記錄喜歡各類玩具的人數，白板上的圖畫是孩子畫的玩具記錄圖。這是

（林瑞敏老師提供）

一個例行活動，幼兒幾乎天天都有機會自己使用圖像記錄，也可以看到老師如何使用這些圖像記錄。

**實例-語-中、大-1-4-2-c**

右圖是在「葉子」主題課程中，關於如何製作立體樹的團體討論紀錄。

（林瑞敏老師提供）

**實例-語-中、大-1-4-2-d**

男孩在校園裡的金桔樹上發現了一隻毛毛蟲，後來又有更多孩子發現了更多的毛毛蟲。孩子們和老師討論後，決定要在教室裡養毛毛蟲，觀察毛毛蟲的成長。一開始，大家都搶著照顧；一個星期之後，毛毛蟲區似乎被遺忘了。老師於是召集孩子一起討論，決定由全班的師生輪流照顧毛毛蟲。為了提醒照顧的孩子該做的事，師生共同製作了右圖的提示版。

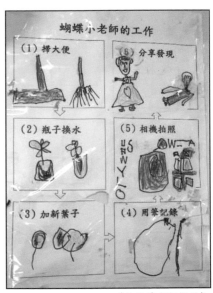

（林婉莉老師提供）

| 課程目標 | 2-3 歲<br>學習指標 | 3-4 歲<br>學習指標 | 4-5 歲<br>學習指標 | 5-6 歲<br>學習指標 |
|---|---|---|---|---|
| 語-1-5<br>理解圖畫書的<br>內容與功能 | 語-幼-1-5-1<br>喜歡探索圖畫<br>書 | 語-小-1-5-1<br>→ | 語-中-1-5-1<br>知道知識類圖<br>畫書的功能 | 語-大-1-5-1<br>→ |
| | | 語-小-1-5-2[1]<br>理解故事的角<br>色 | 語-中-1-5-2[1]<br>理解故事的角<br>色與情節 | 語-大-1-5-2[1]<br>理解故事的角<br>色、情節與主<br>題 |
| | | | 語-中-1-5-3<br>知道書籍封面<br>有書名、創作<br>者和譯者的名<br>字 | 語-大-1-5-3<br>辨認與欣賞創<br>作者的圖像細<br>節與風格 |

語-1-5 理解圖畫書的內容與功能

1.以兒童為主要讀者的圖畫書可以分為兩大類：**故事類圖畫書**和**知識類圖畫書**。

2.閱讀**故事類圖畫書**就是閱讀文學作品，本書第五章將仔細說明和幼兒閱讀**故事類圖畫書**的可行方式。

3.**知識類圖畫書**的主要目的是介紹概念或知識（如下頁的圖），或示範技能與操作方式（如摺紙書）。當幼兒遇到待解決的問題時（如不知道鍬形蟲住在哪裡），教保人員可以協助幼兒以知識類圖畫書為解決問題的資源之一。

---

1　語-小-1-5-2、語-中-1-5-2、語-大-1-5-2 請見本書第五章的實例與說明。

文‧圖／陳麗雅
青林出版

文‧圖／邱承宗
小魯出版

文‧圖／多田智；譯者／張東君
親子天下出版

| 課程目標 | 2-3 歲<br>學習指標 | 3-4 歲<br>學習指標 | 4-5 歲<br>學習指標 | 5-6 歲<br>學習指標 |
|---|---|---|---|---|
| 語-1-5<br>理解圖畫書的<br>內容與功能 | 語-幼-1-5-1<br>喜歡探索圖畫<br>書 | 語-小-1-5-1<br>———→ | 語-中-1-5-1<br>知道知識類圖<br>畫書的功能 | 語-大-1-5-1<br>———→ |

### 語-幼、小-1-5-1 喜歡探索圖畫書

1.2～3 歲幼兒對書的探索是全面性的，把書當成一個物件、上下左右翻看，或是當成積木堆疊，或者把書拿起來聞一聞、咬一咬。

2.教保人員可以和幼兒一起翻閱圖畫書，並示範拿書、看書的方式；但盡量接受幼兒的任意探索。幼兒從探索中獲得樂趣後，就會愈來愈喜歡探索圖畫書了。

### 實例-語-幼、小-1-5-1

下列照片裡的孩子會自己翻書、前後翻看，或是把書當成積木來蓋房子，這些都是認識、探索書的方式。

（王嘉苑小姐提供）

（陳怡樺老師提供）

## 語-中、大-1-5-1 知道知識類圖畫書的功能

1.好的知識類圖畫書就像一位極富創意的好老師，以活潑新鮮的方式展現人類建構知識、概念或學習技能的可能方式。

2.教保人員自己熟悉各種類型的知識類圖畫，才能靈活地示範如何以知識類圖畫書作為解決問題的資源之一。

3.**教保人員示範**（如下圖）**並鼓勵幼兒運用這項資源**，幼兒就能知道知識類圖畫書的功能。

實例-語-中、大-1-5-1-a

（林瑞敏老師提供）

實例-語-中、大-1-5-1-b

　　下列照片中的孩子正在翻閱交通工具圖畫書。因為課程主題是交通工具，老師介紹了很多種類的交通工具，並帶著孩子進行比較。孩子們對於交通工具的外型、功能、名稱都很有興趣，老師因此請孩子各自帶自己家裡的相關書籍來分享。照片中的書就是其中一位孩子帶來的，他和全班分享後，放在圖書角吸引好多孩子來翻閱。

（翁維秀老師提供）

實例-語-中、大-1-5-1-c

　　幼兒養的毛毛蟲變成蝴蝶了，他們很想知道這隻蝴蝶的名稱，認真地翻閱昆蟲圖鑑。

（林婉莉老師提供）

| 課程目標 | 2-3 歲<br>學習指標 | 3-4 歲<br>學習指標 | 4-5 歲<br>學習指標 | 5-6 歲<br>學習指標 |
|---|---|---|---|---|
| 語-1-5<br>理解圖畫書的<br>內容與功能 | | | 語-中-1-5-3<br>知道書籍封面<br>有書名、創作<br>者和譯者的名<br>字 | 語-大-1-5-3<br>辨認與欣賞創<br>作者的圖像細<br>節與風格 |

### 語-中-1-5-3 知道書籍封面有書名、創作者和譯者的名字

1.教保人員向幼兒介紹新加入教室圖書庫的圖畫故事書，或和幼兒共讀圖畫書時，配合口語，用手指著書名、創作者和譯者的名字，幼兒就會知道書籍封面裡的文字是**書和人的名字**。

2.如以下實例所示，在例行活動中讓幼兒標示（或請老師標示）借閱圖畫書的書名、創作者和譯者的名字，學習指標所說的「知道」也才能落實。

實例-語-中-1-5-3

開學不久，金柑糖班的孩子正在學習借閱圖書，老師告訴孩子步驟如下：

1.從書架上選一本想借的書。

2.翻開「閱讀護照」空白頁，排隊請老師幫忙登記。

3.對老師說：「請幫我寫書的名字，再幫我寫作者的名字」，同時指出封面相對應的字。

4.孩子自己以圖像記錄所借的書（通常孩子會畫封面或主角、仿寫書名），如下頁的圖。

文／古藤柚；圖／Sudou Piu
譯者／林真美
阿布拉出版

（戴芳煒老師提供）

孩子經常畫書的封面，就知道封面裡有哪些重要的元素，不可或缺。

### 語-大-1-5-3 辨認與欣賞創作者的圖像細節與風格

教保人員必須提供同一位創作者的數本作品，讓幼兒在共讀或自己閱讀的情境中任意欣賞這些作品，如以下實例所示：幼兒很快就能掌握創作者的圖像細節與風格。

### 實例-語-大-1-5-3

金柑糖班的老師每週向孩子介紹一位圖畫書創作者，並共讀三本這位創作者的作品。有一週閱讀長谷川義史的以下三本創作：

文・圖／長谷川義史
譯者／李瑾倫
維京出版

文／穗高順也；圖／長谷川義史
譯者／周姚萍
遠見天下出版

文・圖／長谷川義史
譯者／林真美
遠流出版

　　週五回顧這些圖畫書後，老師問幼兒：「長谷川義史畫的圖，哪裡很
特別？讓你一看就知道這是他畫的？」

　　幼兒有以下的幾種說法：

　　「他都喜歡畫人的故事。」

　　「他畫的人臉都很大，身體比較小。」

　　「頭髮是黑色的，眉毛也是黑色的。」

| 課程目標 | 2-3 歲<br>學習指標 | 3-4 歲<br>學習指標 | 4-5 歲<br>學習指標 | 5-6 歲<br>學習指標 |
|---|---|---|---|---|
| 語-1-6<br>熟悉閱讀華文的方式 | 語-幼-1-6-1<br>喜歡探索生活環境中的文字 | 語-小-1-6-1<br>辨別文字和圖像 | 語-中-1-6-1<br>知道各種文化有不同的書面文字 | 語-大-1-6-1<br>───────→ |
| | 語-幼-1-6-2<br>知道翻開圖畫書的方向 | 語-小-1-6-2<br>知道書名的位置與閱讀方向 | 語-中-1-6-2<br>───────→ | 語-大-1-6-2<br>知道華文的閱讀方向 |
| | | | 語-中-1-6-3<br>知道華文一字一音的對應關係 | 語-大-1-6-3<br>───────→ |
| | | | | 語-大-1-6-4<br>從不同語文的書面文字中辨認出華文 |

語-1-6 熟悉閱讀華文的方式

　　1.幫助幼兒熟悉閱讀華文的方式，並不意味著要直接教導幼兒認字；而是鼓勵幼兒探索文字，漸漸能夠辨別文字和圖像，知道華文一字一音的對應關係。

　　2.和幼兒一起閱讀華文的標示（如書名、招牌、海報、春聯等**書面訊息**）時，教保人員可以指出橫書由左至右、直書由上至下的方向。

　　3.幼兒認得華文的模樣後，經過教保人員的提示，也漸漸能理解每個文化有自己的書面文字，並且能從環境或許多文化的文字中認出華文。這些能力都是讀寫素養的一部分，也是閱讀能力逐漸萌發的表現。

| 課程目標 | 2-3 歲學習指標 | 3-4 歲學習指標 | 4-5 歲學習指標 | 5-6 歲學習指標 |
|---|---|---|---|---|
| 語-1-6 熟悉閱讀華文的方式 | 語-幼-1-6-1 喜歡探索生活環境中的文字 | 語-小-1-6-1 辨別文字和圖像 | 語-中-1-6-1 知道各種文化有不同的書面文字 | 語-大-1-6-1 ⟶ |

### 語-幼-1-6-1 喜歡探索生活環境中的文字

　　教保人員的角色，和前文於「**語-幼-1-4-1 覺察生活環境中常見的圖像符號**」的提醒是一樣的。有些幼兒很早就對周遭的文字充滿好奇心，教保人員可以**開啟和幼兒的對話**來支持這樣的好奇（如下例 a），或是**認真回應**幼兒針對文字提出的問題（如下例 b、c 和 d），把幼兒視為**對等的對話夥伴**。對文字視若無睹的幼兒，教保人員可以提醒他們注意觀看環境中的書面訊息，猜猜環境中的文字可能在告訴我們什麼。

### 實例-語-幼-1-6-1-a

　　下圖的幼兒有許多和爸爸媽媽一起到餐廳吃飯的經驗，經常看到、聽到爸爸媽媽指著菜單討論要點的菜。這次的菜單只有文字，他指著其中一道菜，發出像話語一樣的聲音，媽媽看到了就對他說：「你想吃豉汁排骨嗎？」在這樣的互動裡，幼兒能漸漸知道那些「符號」都是有意義的。

（王嘉苑小姐提供）

實例-語-幼-1-6-1-b

　　下列照片中的鐵盒專門存放女孩媽媽的朋友寄給女孩的明信片。女孩常常自己拿出鐵盒，看完圖後翻面看著文字。有時候，她會拿著明信片，跟媽媽說：「媽媽唸。」媽媽就會把明信片面對她，唸給她聽。唸完一次，女孩又會說：「媽媽唸。」媽媽問她：「再唸一次嗎？」她說：「再唸一次。」就這樣連續三次。然後，她拿出另一張明信片，對媽媽說：「媽媽唸。」

　　女孩的媽媽之前請朋友寄明信片或卡片給孩子，並唸給她聽，女孩因此很早就明白明信片上寫著她認識的成人對她說的話。和幼兒建立唸讀卡片或明信片的儀式，也是支持幼兒探索環境中文字的行動。

（林亞萱小姐提供）

實例-語-幼-1-6-1-c

　　幼兒在公園裡發現一個告示牌，她急忙走過去，問媽媽：「上面寫什麼？」

　　媽媽對她說：「釣魚區。」

　　然後，媽媽一邊用手指出一個範圍，一邊說：「這裡到這裡都可以釣魚，像前面看到的阿伯（閩南語）那樣。」

（林亞萱小姐提供）

實例-語-幼-1-6-1-d

　　另一天，女孩蹲下來看著登山步道的指示牌，看了很久。

　　她問媽媽：「這是？」（尾音拉長，上揚）

　　然後又問：「這上面寫什麼？」

　　女孩一次指著一個數字或英文字母耐心地問。

　　媽媽照實回應，最後跟她解釋，這是告訴我們：「我們從下面爬上來有多遠。」

（林亞萱小姐提供）

### 語-小-1-6-1 辨別文字和圖像

1.幼兒先有畫畫的慾望與行動，後來才發現文字。

2.有些幼兒模仿成人寫字時，描述自己正在畫「字」（而非畫「圖」），顯示他們已經能夠分辨文字和圖像，只是還沒有建立「寫」的概念。

3.教保人員和幼兒共同閱讀圖畫書時，手指著文字，讀出封面上的書名和創作者的名字（如下圖），以及往後翻看每一頁的過程，都是幫助幼兒辨別文字和圖像的好時機。

（林瑞敏老師提供）

### 語-中、大-1-6-1 知道各種文化有不同的書面文字

1.下列實例中的老師提供**原創華文圖畫書**的華文版、英文版和韓文版來幫助幼兒知道同一本書可以用不同的文字呈現，是一個很棒的點子。

2.教保人員還可以提供**原創是他國語文**，之後翻譯成華文的圖畫書，幫助幼兒理解：在別的國家，同年齡的孩子正和他讀著**圖像一樣但是文字不同**的圖畫故事書。

實例-語-中、大-1-6-1

1.老師準備了《小魚散步》的華文版、英文版和韓文版，讓孩子觀察三本書有哪裡不一樣。幼兒發現，三本書的圖畫相同，但文字不同。

文‧圖／陳致元；信誼出版

2.老師告訴孩子翻譯圖畫書的由來，幫助幼兒理解除了華文，還有其他文化的文字。

3.老師給孩子看看《安啦！安啦！雷公到我家》的華文版、日文版，以及《和甘伯伯去遊河》的華文版、英文版。

文‧圖／長谷川義史；譯者／林真美
遠流出版

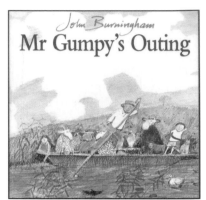

文‧圖／約翰‧伯寧罕；譯者／林良
阿爾發出版

| 課程目標 | 2-3 歲<br>學習指標 | 3-4 歲<br>學習指標 | 4-5 歲<br>學習指標 | 5-6 歲<br>學習指標 |
|---|---|---|---|---|
| 語-1-6<br>熟悉閱讀華文<br>的方式 | 語-幼-1-6-2<br>知道翻開圖畫<br>書的方向 | 語-小-1-6-2<br>知道書名的位<br>置與閱讀方向 | 語-中-1-6-2<br>⟶ | 語-大-1-6-2<br>知道華文的閱<br>讀方向 |

**語-幼-1-6-2 知道翻開圖畫書的方向**

　　教保人員常常坐在幼兒身旁或抱著幼兒一起閱讀圖畫書，幼兒就會知道怎麼翻開圖畫書了。

（林亞萱小姐提供）

**語-小、中-1-6-2 知道書名的位置與閱讀方向**

　　教保人員**每次**為幼兒朗讀圖畫故事書，讀出書名時，同時用手指著書名，這樣一來，幼兒不但能知道書名的位置和閱讀方向，也會認識華文一字一音的對應關係。

**語-大-1-6-2 知道華文的閱讀方向**

　　1.介紹圖畫書的書名時，如下頁圖中的老師用手指著封面文字（大多為橫書）和書背文字（直書），幼兒就漸漸知道橫式華文和直式華文的閱讀方向。

2.教保人員可在需要時呈現直式華文的書面訊息或文本，如春聯、直式信封和書籍，或者提示幼兒看書背的直式書名，幫助幼兒建構直式華文由上到下的概念。

（陳得蓉小姐提供）

實例-語-大-1-6-2

　　參觀林務所時，老師指著各種文字標示，例如：導覽圖、植物介紹牌、園藝裝置藝術文字、植物介紹海報等，提示孩子華文的閱讀方向，讓孩子認識華文直式與橫式的閱讀方向，並且知道直式和橫式的華文有時會出現在同一份書面訊息中。

（戴芳煒老師提供）

| 課程目標 | 2-3歲<br>學習指標 | 3-4歲<br>學習指標 | 4-5歲<br>學習指標 | 5-6歲<br>學習指標 |
|---|---|---|---|---|
| 語-1-6<br>熟悉閱讀華文<br>的方式 | | | 語-中-1-6-3<br>知道華文一字<br>一音的對應關<br>係 | 語-大-1-6-3 ⟶<br><br>語-大-1-6-4<br>從不同語文的<br>書面文字中辨<br>認出華文 |

### 語-中、大-1-6-3 知道華文一字一音的對應關係

1.如同「**語-小、中-1-6-2 知道書名的位置與閱讀方向**」之說明，教保人員**每次**為幼兒朗讀圖畫故事書，讀出書名時，同時用手指著書名，這樣一來，幼兒不但知道書名的位置和閱讀方向，也會認識華文一字一音的對應關係。

2.除此之外，在幼兒面前讀出其他書面訊息上的文字，也同樣可以配合口說的速度，用手指著文字唸讀出文字。

3.在下列實例中，幼兒已經有了華文一字對應一音的概念，所以把招牌說成他們依據商品內容而猜測的意思。雖然沒有猜對招牌上的文字，但他們的**猜法**顯示他們明白一字一音的對應原則。

實例-語-中、大-1-6-3

全班一起上街時，看到許多商店，老師指著招牌問：「這有幾個字？」

孩子們說：「四個字。」

老師問：「這四個字是什麼意思呢？」

獻傑說：「我知道！來—買—金—紙—」（閩南語）

他還邊說邊扳著手指頭數呢！

金紙

（戴芳煒老師提供）

這個孩子雖然讀不出招牌的字，但是倚靠一字一音的概念和商店裡的物品，提出他的猜測。

**語-大-1-6-4 從不同語文的書面文字中辨認出華文**

1.幼兒可以在**每日**進行的閱讀活動中熟悉華文的樣子。

2.如前所述，運用同一本圖畫故事書的兩種或多種語言版本，或提供印製著不同國家文字的生活用品、或器物使用手冊，都可以幫助幼兒發展辨認華文的能力。

| 課程目標 | 2-3 歲<br>學習指標 | 3-4 歲<br>學習指標 | 4-5 歲<br>學習指標 | 5-6 歲<br>學習指標 |
|---|---|---|---|---|
| 語-1-7<br>理解文字的功能 | 語-幼-1-7-1<br>覺察代表所屬群體的文字 | 語-小-1-7-1<br>認出自己的姓名 | 語-中-1-7-1<br>認出標示所屬群體的文字 | 語-大-1-7-1<br>從生活環境中認出常見的文字 |
| | | | 語-中-1-7-2<br>知道能使用文字記錄與說明 | 語-大-1-7-2<br>———▶ |
| | | | 語-中-1-7-3<br>知道各種書面訊息的功能 | 語-大-1-7-3<br>———▶ |

**語-1-7 理解文字的功能**

　　文字可以為我們做哪些事呢？

　　1.文字可以標示名字：人的名字、地方的名字、書的名字，還有小組、班級和學校的名字。簡單地說，文字可以標示一種存在。

　　2.和圖像一樣，文字可以**記錄**說過的話、做過的事，可以**說明**某種道理或某種器物的用途，也可以**規劃**未來。

　　3.幫助幼兒認識並實際體會文字如何幫助我們生活，是這項課程目標的重點。

| 課程目標 | 2-3 歲<br>學習指標 | 3-4 歲<br>學習指標 | 4-5 歲<br>學習指標 | 5-6 歲<br>學習指標 |
|---|---|---|---|---|
| 語-1-7<br>理解文字的功能 | 語-幼-1-7-1<br>覺察代表所屬群體的文字 | 語-小-1-7-1<br>認出自己的姓名 | 語-中-1-7-1<br>認出標示所屬群體的文字 | 語-大-1-7-1<br>從生活環境中認出常見的文字 |

**語-幼-1-7-1 覺察代表所屬群體的文字**

　　幼兒園環境中代表班級或班級內部小組（所屬群體）的標示，通常包括圖像和符號，例如：在 實例-語-幼、小-1-4-2 中，咪咪班的班旗。「**語-幼-1-4-2 認出代表自己或所屬群體的符號**」，期望幼兒「**認出**」標示中的**圖像**，但是只要「**覺察**」標示中代表自己班級或小組的**文字**就可以了。漸漸地，幼兒也就可以「**辨別文字和圖像**」（**語-小-1-6-1**）。

**語-小-1-7-1 認出自己的姓名**

　　如同對如何達成「**語-幼-1-4-2 認出代表自己或所屬群體的符號**」時的建議，「代表自己的符號」通常也是圖文共同呈現。幼兒認得自己的姓名是臺灣父母相當重視的成長里程碑，讓幼兒在自己的用品上貼上自己繪製的姓名貼或是在訂購姓名貼時自己挑選姓名貼的樣式，有助於這項目標的達成。

實例-語-小-1-7-1

　　1 歲多的小翼還不會認字。他的爸爸媽媽在車子背後貼上一家三口名字中的一個字，小翼也學著爸爸媽媽指著貼紙說：「翼翼。」

（陳怡樺老師提供）

## 語-中-1-7-1 認出標示所屬群體的文字

　　1.教保人員可以說出並同步提醒幼兒注意班級標示牌上的班級名稱、小組標示牌上的小組名稱，例如：「這是我們的班旗，我們是彩虹班，這裡有彩虹，這裡寫著彩—虹—班。」

　　2.全園活動、園遊會、校外教學或其他需要使用班級、小組標示的活動情境，對幼兒而言，都是「**認出標示所屬群體的文字**」之好時機。

　　實例-語-幼、小-1-4-2 照片中的小班幼兒，透過班旗上的圖像，很快地就覺察並認得「咪」、「咪」、「班」這三個字以及這個詞的意思。

## 語-大-1-7-1 從生活環境中認出常見的文字

　　1.教保人員提示幼兒認出生活環境中常見的文字，**不是要幼兒為了認字而認字，而是基於真實的需要認識常見的文字。**

　　2.例如：認得教保人員的姓名，可以協助老師領取收發室的信件；認出某公車站或捷運站站名，可以提醒自己和家人該下車的時機；認得自己住處所在的街道名稱，是為來訪同學指路的重要方式；而認出同學的姓名，可以協助老師分發通知單、閱讀筆記或心情日記等。

| 課程目標 | 2-3 歲<br>學習指標 | 3-4 歲<br>學習指標 | 4-5 歲<br>學習指標 | 5-6 歲<br>學習指標 |
|---|---|---|---|---|
| 語-1-7<br>理解文字的功能 | | | 語-中-1-7-2<br>知道能使用文字記錄與說明 | 語-大-1-7-2<br>———————→ |

**語-中、大-1-7-2 知道能使用文字記錄與說明**

　　1.如同「語-中-1-4-2 知道能使用圖像記錄與說明」的建議，教保人員和幼兒進行團體或小組討論時，使用**文字和圖像**記錄自己或幼兒的想法，幼兒就知道**文字和圖像可以個別記錄**，也可以合作把想法記下來。實例請見 實例-語-中、大-1-4-2 。

　　2.在合適的時機，教保人員可以**讓幼兒看看自己寫的教學日誌**，說明文字的**記錄功能**。

　　3.書面訊息中的文字常常具有**說明的功能**，例如：藥袋上的用藥說明、玩具組裝說明書、海報或告示中的文字等。運用這些書面訊息，教保人員可以協助幼兒理解文字的說明功能。

| 課程目標 | 2-3 歲<br>學習指標 | 3-4 歲<br>學習指標 | 4-5 歲<br>學習指標 | 5-6 歲<br>學習指標 |
|---|---|---|---|---|
| 語-1-7<br>理解文字的功能 | | | 語-中-1-7-3<br>知道各種書面訊息的功能 | 語-大-1-7-3<br>⟶ |

## 語-中、大-1-7-3 知道各種書面訊息的功能

1.「**書面訊息**」是「訊息類文本」的一種，是以手寫或印刷文字提供特定訊息的文本，有時候也會搭配圖像一起呈現訊息，例如：邀請卡（如下圖 a）、海報（如下圖 b）、招牌、菜單（如下圖 c）、用藥說明單、玩具組裝說明書、食物包裝上的成分與熱量說明、開啟方式說明（如下圖 d）、平面廣告、Line 訊息等。

a
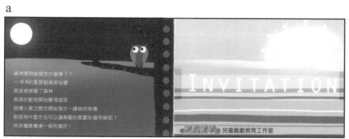
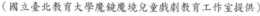

b

（國立臺北教育大學魔鏡魔境兒童戲劇教育工作室提供）

c

d

2.在各種可能遇到書面訊息的情境中，教保人員帶領幼兒閱讀書面訊息，或是提示幼兒可使用哪些書面訊息來解決問題，幼兒就會漸漸知道各種書面訊息的功能。

3.大部分的書面訊息都是書寫或印刷在紙上的，由文字、圖像或文圖一起提供訊息；不過，也有寫在沙地上和雪地上的書面訊息，例如：寫在沙灘上的「SOS」、「HELP」，或是只有動物自己和生物學家才能讀懂的「雪地上的腳印」，這些都是具有不同功能的書面訊息。

| 課程目標 | 2-3 歲<br>學習指標 | 3-4 歲<br>學習指標 | 4-5 歲<br>學習指標 | 5-6 歲<br>學習指標 |
|---|---|---|---|---|
| 語-2-1<br>以肢體語言表達 | 語-幼-2-1-1<br>運用簡單的肢體動作輔助口語表達 | 語-小-2-1-1<br>運用簡單的肢體動作進行扮演 | 語-中-2-1-1<br>運用肢體動作表達經驗或故事 | 語-大-2-1-1<br>→ |

語-2-1 以肢體語言表達

　　1.日常互動中，人經常使用肢體語言輔助口語表達。

　　2.學會以口語表達之前，幼兒已經會使用表情、手勢等簡單的肢體語言表達。

　　3.肢體動作本身的美以及象徵意義，使得運用肢體的表達有潛力成為藝術創作，例如：使用肢體動作進行扮演、表達經驗或敘說故事。

　　4.教保人員鼓勵幼兒運用肢體語言表達之前，最好進行自我的肢體動作開發。


**語-幼-2-1-1 運用簡單的肢體動作輔助口語表達**

　　1.幼兒在口語表達中使用形容詞（如「好<u>大</u>的西瓜」）或副詞（如「走得<u>歪歪</u>的」）時，可鼓勵幼兒使用肢體動作說明他的話語，例如：「好<u>大</u>的西瓜有多大呢？比給我們看。」「怎麼樣是走得<u>歪歪</u>的？走給我們看。」

　　2.幼兒說出教保人員**聽不懂的動詞**時，教保人員可以鼓勵幼兒：「**用身體的動作說給我們聽**」。

　　3.對於不太敢使用肢體動作的幼兒，教保人員可以設計如下列 實例-語-小-2-1-1 的扮演任務，鼓勵幼兒運用肢體語言表達。

實例-語-小-2-1-1

　　老師請幼兒兩人一組，在呼拉圈裡演出：「飛得好累的小鳥，慢慢地、慢慢地停在一棵樹的樹枝上。」

　　如照片所示，邀請幼兒以簡單的肢體動作進行扮演，鼓勵幼兒展現不一樣的動作組合。

（戴芳煒老師提供）

### 語-小-2-1-1 運用簡單的肢體動作進行扮演

　　以下實例告訴我們，簡單的扮演任務可以鼓舞幼兒設想運用肢體動作的可能方式。

實例-語-小-2-1-1

　　在下列實例中，老師說完《找到你們囉！》（2015，青林出版）的故事後，和幼兒一起學獅子大聲吼叫，又學小兔子把耳朵用力舉起來。

（翁維秀老師提供）

## 語-中、大-2-1-1 運用肢體動作表達經驗或故事

　　幼兒有了許多簡單的扮演經驗之後，教保人員便可以和幼兒一起演出自編或喜歡的故事。

實例-語-中、大-2-1-1

　　下圖是中班幼兒合力演出民間故事《老鼠娶新娘》的場景。

（劉紀婷老師提供）

| 課程目標 | 2-3歲<br>學習指標 | 3-4歲<br>學習指標 | 4-5歲<br>學習指標 | 5-6歲<br>學習指標 |
|---|---|---|---|---|
| 語-2-2<br>以口語參與互動 | 語-幼-2-2-1<br>合宜使用禮貌用語 | 語-小-2-2-1<br>→ | 語-中-2-2-1<br>→ | 語-大-2-2-1<br>適當使用音量、音調和肢體語言 |
| | 語-幼-2-2-2<br>以簡單的口語表達需求或好惡 | 語-小-2-2-2<br>以口語建構想像的情境 | 語-中-2-2-2<br>以清晰的口語表達想法 | 語-大-2-2-2<br>針對談話內容表達疑問或看法 |
| | 語-幼-2-2-3<br>在一對一的互動情境中開啟話題 | 語-小-2-2-3<br>在一對一的互動情境中開啟話題並延續對話 | 語-中-2-2-3<br>在團體互動情境中開啟話題、依照輪次說話並延續對話 | 語-大-2-2-3<br>在團體互動情境中參與討論 |
| | | | 語-中-2-2-4<br>使用簡單的比喻 | 語-大-2-2-4<br>→ |

語-2-2 以口語參與互動

1.以口語參與互動的整體目標在於幫助幼兒「**合宜參與日常社會互動情境**」〔領域目標（二）〕。

2.「合宜參與日常社會互動情境」，包括：以口語表達基本禮貌、運用適當的音量和肢體語言表達、以口語表達需求、好惡、想法和提出疑問，以及在社會互動情境中依據互動規則說話或參與討論。

3.學習指標「**語-小-2-2-2 以口語建構想像的情境**」和「**語-中-2-2-4 使用簡單的比喻**」，有時是在兩人或「團體互動情境」中展現，有時則是在個人獨處，自己和自己互動的時候展現。

| 課程目標 | 2-3 歲<br>學習指標 | 3-4 歲<br>學習指標 | 4-5 歲<br>學習指標 | 5-6 歲<br>學習指標 |
|---|---|---|---|---|
| 語-2-2<br>以口語參與互動 | 語-幼-2-2-1<br>合宜使用禮貌用語 | 語-小-2-2-1<br>    → | 語-中-2-2-1<br>    → | 語-大-2-2-1<br>適當使用音量、音調和肢體語言 |

## 語-幼、小、中-2-2-1 合宜使用禮貌用語

教保人員在生活中使用禮貌用語和他人互動，對幼兒而言是最重要的示範。

## 語-大-2-2-1 適當使用音量、音調和肢體語言

1.同上，教保人員在日常生活中的示範很重要。

2.當幼兒的音量、音調和肢體語言的運用「不太適當」時，教保人員最好以幽默的方式或比喻提醒幼兒，例如：幼兒在團體互動情境中表達看法而音量太大時，教保人員可以說：「現在大家都好專心，我們只需要使用下小雨的聲音，不必用到打雷的聲音喔。」

3.教保人員也可以在私下和幼兒互動時，詢問幼兒以某種方式表達的理由，理解後再提醒幼兒適當的說話方式。

| 課程目標 | 2-3 歲<br>學習指標 | 3-4 歲<br>學習指標 | 4-5 歲<br>學習指標 | 5-6 歲<br>學習指標 |
|---|---|---|---|---|
| 語-2-2<br>以口語參與互動 | 語-幼-2-2-2<br>以簡單的口語表達需求或好惡 | 語-小-2-2-2<br>以口語建構想像的情境<br>（請見本書第101頁的說明） | 語-中-2-2-2<br>以清晰的口語表達想法 | 語-大-2-2-2<br>針對談話內容表達疑問或看法 |

### 語-幼-2-2-2 以簡單的口語表達需求或好惡

教保人員可以經常鼓勵幼兒說出需求，說出喜歡或不喜歡的物件、狀態或經驗。

### 語-中-2-2-2 以清晰的口語表達想法

教保人員創造幼兒可以從容表達想法的機會與情境，幼兒以口語表達想法的能力才能在運用中開展。

### 語-大-2-2-2 針對談話內容表達疑問或看法

1.在團體討論的情境中，教保人員可以營造提問的互動文化。

2.在教保人員自己或幼兒表達某種意見後，鼓勵幼兒說說：「你覺得這樣好不好？」「哪裡好？」「哪裡不好？」；或是：「剛剛曉華說的，你還想多知道些什麼？」；或是：「我們一起想一想，這樣做可能會遇到什麼困難？」

3.如果幼兒不太主動提問，教保人員可以在自己或幼兒描述一件事或表達一段想法後，告訴聆聽的孩子：「聽不清楚或覺得有問題的話，請你舉手，告訴我們。」

| 課程目標 | 2-3 歲<br>學習指標 | 3-4 歲<br>學習指標 | 4-5 歲<br>學習指標 | 5-6 歲<br>學習指標 |
|---|---|---|---|---|
| 語-2-2<br>以口語參與互動 | 語-幼-2-2-3<br>在一對一的互動情境中開啟話題 | 語-小-2-2-3<br>在一對一的互動情境中開啟話題並延續對話 | 語-中-2-2-3<br>在團體互動情境中開啟話題、依照輪次說話並延續對話 | 語-大-2-2-3<br>在團體互動情境中參與討論 |

### 語-幼-2-2-3 在一對一的互動情境中開啟話題

對於不常主動分享的幼兒，教保人員可以邀請他每天到學校告訴你一件「好希望別人也知道的事。」

**認真傾聽與細心回應**將鼓勵幼兒主動開啟話題。

### 語-小-2-2-3 在一對一的互動情境中開啟話題並延續對話

對於開啟了一個話題後立刻又開啟另一個話題的幼兒，於傾聽之後，可以請他多說說關於第一個話題的事，幫助幼兒延續已經開啟的話題。

### 語-中-2-2-3 在團體互動情境中開啟話題、依照輪次說話並延續對話

幼兒具有許多團體互動的經驗後，大部分都能「理解團體互動中輪流說話的規則」（**語-小-1-1-2**）。教保人員的任務是提醒幼兒依據互動規則說話，多邀請不常於團體互動情境中說話的幼兒表達看法，以及對他人表達的意見提出看法。

### 語-大-2-2-3 在團體互動情境中參與討論

1.每個參與團體互動情境的成員都有機會把想法說出來，或是輪流一一說出來，這樣的口語互動雖然提供參與成員**均等**的發言機會，但卻**不見**

得能構成「討論」。

　　2.除了合理的發言機會，討論的發生需要互動成員認真思考他人的發言，再提出自己的看法。

　　3.在討論的情境中，**想法會相互撞擊或影響**，前一段說出的話成為後續發言者的思考背景。

　　4.沒有標準答案的**議題**，非常適合成為討論的主題，教保人員和幼兒可以一起運用口語共同探索。

| 課程目標 | 2-3 歲<br>學習指標 | 3-4 歲<br>學習指標 | 4-5 歲<br>學習指標 | 5-6 歲<br>學習指標 |
|---|---|---|---|---|
| 語-2-2<br>以口語參與互動 | | 語-小-2-2-2<br>以口語建構想像的情境 | 語-中-2-2-4<br>使用簡單的比喻 | 語-大-2-2-4<br>⟶ |

### 語-小-2-2-2 以口語建構想像的情境

　　1.不需要任何道具，幼兒憑藉口語，就能營造並瞬間進入自己以口語建構的想像情境——這是教保人員需要鼓勵與保護的能力。

　　2.幼兒以口語建構或創造想像情境，教保人員可以順勢和幼兒一起進入幼兒以口語建構的想像情境，表達對想像力和比喻能力的支持。

實例-語-小-2-2-2

（林瑞敏老師提供）

　　老師把幼兒用玻璃紙創作的動物作品放到窗上，有陽光的日子，一個小孩大聲喊：「老師，你快來看，陽光讓我們的光影小動物到處跑ㄟ！兔子都飛到樹上啦！」

（林瑞敏老師提供）

幾天之後，3 歲的小志指著窗玻璃上的海豚，和老師展開以下的對話：

小志：「老師，為什麼海豚會在天上呢？」

老師：「對啊，為什麼呢？你覺得呢？」

小志：「因為海豚很會游泳啊。」

老師：「很會游泳就會游到天上嗎？」

小志：「對啊，可以游很高游很遠很遠啊。」

老師：「海豚可以在天空游泳嗎？」

小孩：「海豚在水裡游泳啊！天空和水，和海一樣啊。」

老師：「天空和海一樣啊？」

小志：「一樣顏色啊！一樣顏色海豚就可以一直游啦！」

窗邊因著陽光而活過來的小動物，鼓勵小志想像海豚在天上游泳的模樣。

**語-中、大-2-2-4 使用簡單的比喻**

　　1.幼兒看出並說出**當下情境中的某種物件、行動或狀態**（如 實例-語-中、大-2-2-4-a 中，葉面上的雨滴），以及存在**於非此時此地之另一個情境中的物件、行動或狀態**（如人坐在椅子上）之間的關係──這就是使用比喻。

　　2.使用比喻時，必須說出**眼前的人、事、物與其他情境中的人、事、物之間的關係**，這是運用想像力與創造力的說話方式。

　　3.使用比喻的能力是語文能力長程持續提升的重要基礎。

　　4.幼兒經常接觸童詩、故事和教保人員充滿比喻的話語，就會漸漸「懂得簡單的比喻」（**語-小-1-1-3**）；幼兒經常**體驗比喻的趣味**，也就會想嘗試使用比喻了。

　　5.教保人員可以邀請幼兒仿造童詩使用的主要比喻，說出自己對世界的觀察與想像。

實例-語-中、大-2-2-4-a

　　雨後，孩子們聚集在花台前看著花臺上的植物。

　　宥蓁：「你們看，樹葉在喝水耶！」

　　家兆：「不是，他不是在喝水，那只是水滴坐在樹葉上。」

　　家兆隨即轉身對老師說：「老師，妳看，他們兩個人坐在一起。」

（戴芳煒老師提供）

　　在這裡例子裡，孩子使用比喻說出葉子和水滴的幾種可能關係：葉子在喝水（幼兒可能認為葉子可以直接把水吸入）、水滴坐在樹葉上，以及兩顆水滴像兩個人一樣地坐在一起。

實例-語-中、大-2-2-4-b

有一天，老師帶孩子在午睡前玩枕頭大戰，但凱成從未使用過枕頭，所以無法參與遊戲。

第二天，凱成請老師再帶大家玩一次枕頭大戰。

老師問：「你有枕頭嗎？」

凱成：「有啊，媽媽今天給我帶了一個沒穿衣服的枕頭。」

老師：「明天把她的衣服帶來，幫她穿上衣服，衣服髒了可以換下來洗。」

凱成把沒有套上枕頭套的枕頭說成「沒穿衣服」，不自覺地說出了一個比喻。

實例-語-中、大-2-2-4-c

幼兒在金桔樹上發現了毛毛蟲，和老師討論後就把毛毛蟲帶回教室飼養。幼兒看到了毛毛蟲成蛹的時候（如下圖），一臉驚喜地說：「毛毛蟲的蛹好像是小時候媽媽圍住我的小被被啊！」

（林婉莉老師提供）

| 課程目標 | 2-3 歲<br>學習指標 | 3-4 歲<br>學習指標 | 4-5 歲<br>學習指標 | 5-6 歲<br>學習指標 |
|---|---|---|---|---|
| 語-2-3<br>敘說生活經驗 | 語-幼-2-3-1<br>敘說一個經歷過的事件 | 語-小-2-3-1<br>敘說包含三個關聯事件的生活經驗 | 語-中-2-3-1<br>敘說時表達對某項經驗的觀點或感受 | 語-大-2-3-1<br>建構包含事件開端、過程、結局與個人觀點的經驗敘說 |
| | 語-幼-2-3-2<br>簡單描述自己的觀察 | 語-小-2-3-2<br>說出簡單的因果關係 | 語-中-2-3-2<br>→ | 語-大-2-3-2<br>→ |
| | | | | 語-大-2-3-3<br>依據聽眾的角度修改或補充敘說內容 |
| | | | | 語-大-2-3-4<br>以不同的話語、語氣和聲調描述生活經驗中的對話 |

語-2-3 敘說生活經驗

　　1.敘說生活經驗是幼兒創塑生活意義與建構自我的重要方式，也是必須綜合運用觀察、記憶與組織能力的口語行動。

　　2.幼兒敘說生活經驗一定要有充裕的時間與自在的空間。

　　**提供自在的空間讓幼兒樂於敘說，是這項課程目標和以下的學習指標<u>最重要的起點</u>。**

| 課程目標 | 2-3 歲<br>學習指標 | 3-4 歲<br>學習指標 | 4-5 歲<br>學習指標 | 5-6 歲<br>學習指標 |
|---|---|---|---|---|
| 語-2-3<br>敘說生活經驗 | 語-幼-2-3-1<br>敘說一個經歷過的事件 | 語-小-2-3-1<br>敘說包含三個關聯事件的生活經驗 | 語-中-2-3-1<br>敘說時表達對某項經驗的觀點或感受 | 語-大-2-3-1<br>建構包含事件開端、過程、結局與個人觀點的經驗敘說 |

**語-幼-2-3-1 敘說一個經歷過的事件**

「一個事件」可以界定為發生在同一場景或地點的事件，至少包含兩個時間點。

實例-語-幼-2-3-1

以下是一位 2 歲多女孩的敘說：

媽媽有帶我去看一個好大好大的鯨魚喔

還有尖尖的牙齒

你們把她殺死掉

我小時候小 baby/小的小 baby 啊

看到一隻鯊魚喔

她是很小都不會吃人

可是她是一隻最大/很大的一條魚（錄音，2009-03-12）

資料來源：蔡敏玲、王珮玲、方芯琦、林文韵、曹峰銘、劉惠美（2010）

**語-小-2-3-1 敘說包含三個關聯事件的生活經驗**

1.3～4 歲幼兒有能力敘說包含三個關聯事件的生活經驗（蔡敏玲等人，2008）。

2.若幼兒的敘說太短，教保人員可以鼓勵幼兒多說一些。這項學習指標的重點在於**鼓勵幼兒展現敘說能力，不必過度關注幼兒說了幾個事件**。

3.如果幼兒只敘說一個事件，但總是充滿許多細節，教保人員可以耐心並長時間觀察，或許這也是一種值得讚賞的敘說風格。

以下這則敘說實例就是包含**好幾個有關聯的事件**之經驗敘說。


實例-語-小-2-3-1

昨天媽媽買給我了很棒的花燈

我的是小魚

而且弟弟的/會唱歌的時候/弟弟會一直看

然後/然後弟弟的戰鬥機會


而且弟弟的東西他不會弄壞/他還把我的弄壞

然後弟弟還不用自己的

把自己的弄壞又把我的弄壞


然後我就/然後今天我就/然後昨天我就/那在吃飯的時候/爸爸媽

媽就回來給我們看花燈

然後/那我在吃飯的時候/爸爸媽媽就回來看花燈/弟弟還在睡覺

然後有一次/然後/然後/我就在下面吃飯看

然後/我就/我就看到爸爸媽媽回來/我就叫爸爸媽媽/然後他們就

給我們看花燈/就很漂亮

然後/我就看弟弟的戰鬥機/然後再看我的小魚

我的是小魚/他的眼睛會發光

然後弟弟的紙袋旁/裡面也會發光

然後我覺得很好玩/我就把這件畫下來

我只畫小魚/因為戰鬥機沒有拿回來我不會畫（錄音，2008-02-18）

### 語-中-2-3-1 敘說時表達對某項經驗的觀點或感受

1.經驗敘說的內容大抵包含以下三個面向：行動、狀態和敘說者對行動的看法或感受。

2.如果只是依序說出自己或他人一個接著一個的行動，很容易構成流水帳。等幼兒說完後，**教保人員可以提醒幼兒說說對某個行動的感受**，漸漸地，幼兒就知道「**表達對某項經驗的觀點或感受**」也是敘說經驗時很重要的一部分。

以下這則敘說就是典型的 流水帳，幼兒說出昨天自己、阿嬤和阿公，一個接著一個的行動。

實例：流水帳

我昨天幫阿嬤掃地

然後/那個/然後阿嬤也在掃地

然後葉子一直掉來掉去

然後我們掃光葉子了/我們就去家裡玩/電腦

然後阿公在家裡掃地

然後阿公在家裡也在拖地

然後阿公拖好了就去看書

然後就看完了

然後他又去看電視

他就睡覺

阿嬤說叫他起來煮飯

他煮蛋炒飯（錄音，2007-10-03）

　　下例的敘說，幼兒分享他和媽媽在機場和飛機上共同經歷的事件。不同於上述的流水帳，敘說的幼兒除了依序說出行動，還說出自己對於飛機的觀察、搭飛機的感覺，以及媽媽搭飛機的狀態。

實例-語-中-2-3-1-a

### 背景

　　就是以前那個放暑假的時候/那個媽媽就是坐車/坐車到中正機場

### 行動1：逛機場裡的百貨公司

　　然後那個然後我們就那個到那個中正機場

　　到那個裡面那個百貨公司去逛

　　然後我們逛完了之後

### 行動2：登機

　　然後我們逛完了之後

　　有一個那個通往飛機的那個/通往飛機的那個的門

　　然後我們就走進去

　　然後我們就真的到飛機裡面

### 行動3：坐上飛機

　　然後我跟媽媽跟爸爸就/還有跟我媽媽還有我還有我姊姊就在那邊選

　　位子/然後選好了我們就坐著

### 評價

　　然後**那個飛機就慢慢飛起來**/然後那個飛機飛到天空/然後我覺得頭暈

後果

　　然後我媽媽就看下面/然後我媽媽就嚇得不敢看下面/就把<u>我媽媽就看了/不敢看下面/就把窗戶拉起來</u>（錄音，2009-05-05）

　　**上述<u>畫線的部分就是幼兒說出自己的觀察或感受的話語</u>。**

　　幼兒的敘說如果很像流水帳，老師在等待敘說的幼兒說到一個段落時，可以邀請幼兒針對某件事多說一些，通常幼兒就會說出更多的細節、自己的看法或感受，如下例：幼兒說出星期天他所參與的一連串事件，說出像流水帳的話，老師告訴幼兒：「吃蛋糕的事跟我們說」，幼兒才說出他對蛋糕的觀察和蛋糕上的水果吃起來的感覺。

實例-語-中-2-3-1-b

　　去金城吃我阿嬤家吃

　　吃吃蛋糕

　　有三種顏色的蛋糕

　　有那個第一個是那個紫色

　　然後第二個是粉紅色

　　第三個是巧克力

　　然後上面放很漂亮的水果

　　都是那個冰的很冰

　　哥哥跟姊姊吃好就上去了

　　然後我吃好也上去

　　哥哥吃好也上去了

　　然後去玩了（錄音，2007-09-03）

**語-大-2-3-1 建構包含事件開端、過程、結局與個人觀點的經驗敘說**

　　1.以臺灣幼兒為對象進行的實徵研究（如蔡敏玲，2011；Tsai, 2017）告訴我們，4 歲幼兒已經有能力建構包含開端、過程、結局與個人觀點（或感覺）的經驗敘說。

　　2.幫助幼兒建構完整的經驗敘說，教保人員可以著力之處包括：

・安排幼兒可以自在、從容分享生活經驗的時段，並營造喜歡分享生活經驗的文化。

・鼓勵敘說時膽怯、急促或敘說內容簡短的幼兒，延伸敘說內容。

實例-語-大-2-3-1

　　以下是一則結構完整的幼兒生活經驗敘說。幼兒分享的是跟媽媽參加一場婚宴的經驗，表的左邊是幼兒的敘說內容，右邊是我對這則敘說的結構之詮釋，**敘說轉譯稿中框起來的話是幼兒呈現看法、感覺或評論的部分**，可以看出這是一則包含事件開端、過程、結局與個人觀點的經驗敘說。

| 幼兒敘說轉譯稿 | 敘說結構的詮釋 |
|---|---|
| 我要分享的是**我跟媽媽去吃喜酒** | 摘要 |
| 我昨天晚上去跟媽媽出去喝喜酒 | |
| 我還有遇到黃薇跟她玩<br>我跟她玩了青蘋果<br>我一直跟她玩<br>（黃薇/黃薇還遇到她的同學） | 開端：遇到朋友和朋友玩 |
| | 過程 |
| 我就去吃了/我就吃了/我跟黃薇就吃了好料的東西<br>我有吃了/喝了湯/我還有吃了肉<br>（媽媽都一直拿東西給我吃）<br>我還吃了那個像蝦子的東西<br>……<br>我還看到好大的蝦子喔<br>大蝦子旁邊還有一些中中的蝦子<br>……<br>媽媽就拿一個蝦子 bei（閩南語：剝）給/拿給我吃 | 行動1：吃好料 |
| 然後我吃飽了就跟黃薇一起玩<br>媽媽就去幫我拿照片<br>我就覺得怎麼會有兩三張了<br>我就問媽媽是不是我剛才看到兩張/怎麼變成三張 | 行動2：拿照片 |
| 然後媽媽就說要留給雅雅跟哥哥/拿一些東西給她們吃<br>所以哥哥/我才**媽媽一直拿東西給我吃，我就覺得很飽很飽了**<br>媽媽的肚子都撐得下很多東西<br>我還吃了好喝的湯/就吃飽了<br>然後我跟媽媽就回家了/黃薇也差不多她也回家了 | 插敘狀態：媽媽一直拿東西給我吃 |

| 幼兒敘說轉譯稿 | 敘說結構的詮釋 |
|---|---|
| 然後我還有看到新娘<br>……<br>我還看到新娘後面有一個女生在幫她拉裙子<br>……<br>而且我還有看到新娘來我們這一桌敬酒<br>**我都嚇到不敢站起來**<br>不想起來<br>……<br>黃薇跟我都不敢站起來敬酒<br>然後黃薇跟**我覺得我們兩個都好笨不行站起來** | 行動3：看到新娘和不敢敬酒 |
| 然後最後我跟黃薇就回家了 | 結束 |

（錄音，2008-06-09）

| 課程目標 | 2-3 歲<br>學習指標 | 3-4 歲<br>學習指標 | 4-5 歲<br>學習指標 | 5-6 歲<br>學習指標 |
|---|---|---|---|---|
| 語-2-3<br>敘說生活經驗 | 語-幼-2-3-2<br>簡單描述自己<br>的觀察 | 語-小-2-3-2<br>說出簡單的因<br>果關係 | 語-中-2-3-2<br>　　　　→ | 語-大-2-3-2<br>　　　　→ |

### 語-幼-2-3-2 簡單描述自己的觀察

　　期望幼兒簡單描述自己的觀察，教保人員首先要常常提醒幼兒觀察，並且安排許多機會，鼓勵幼兒說出自己的觀察。

實例-語-幼-2-3-2

　　早上 8 點鐘，幼幼班的教室裡只有幾個孩子。2 歲多的心心和坐在圖書角的研究助理有以下的對話：

　　心心：只有 5 個小朋友很少

　　助理：只有 5 個小朋友喔

　　心心：因為很多小朋友還沒來

　　　　　可是呢/可是/可是

　　　　　有 5 個小朋友/很少

　　　　　有好多小朋友就來了//

　　心心一邊說著自己的觀察，一邊又覺察狀況已經不同──「有好多小朋友就來了。」（錄音，2009-05-12）

　　資料來源：蔡敏玲等人（2010）

　　身邊有願意聽她說話的人，心心才有機會說出自己的觀察。

### 語-小、中、大-2-3-2 說出簡單的因果關係

1.因果關係是人敘述事情時很早出現的語法以及思考方式，在上例中，2歲多的心心也使用了「因為」這個連接詞描述自己的觀察。

2.雖然世界的現象之間極少存在著單一的因果關係，教保人員還是可以適當的使用「為什麼」這個詞，鼓勵幼兒思考並說出某種現象或狀態形成的原因。

### 實例-語-小、中、大-2-3-2-a

在「家人的拿手絕活」主題課程中，幼兒以學習單訪問家人的專長、展現專長需要的材料、怎麼學會的和為什麼要學，並將訪問結果與全班分享。例如，凱成告訴大家：「**因為我們喜歡吃廣東粥，而且很好吃，所以媽媽要學煮粥。**」這個幼兒認定的因果關係，顯示幼兒對於媽媽的愛，了然於心。

（戴芳煒老師提供）

實例-語-小、中、大-2-3-2-b

　　討論扮演故事活動待解決的事項時，老師請孩子說出困難所在，以及造成的影響。這樣的任務，**為幼兒創造了思考與表達因果關係的機會**。有個孩子說：「你如果拿著紙偶演戲，手會弄髒，**因為**那個紙偶是用蠟筆畫的。」

| 課程目標 | 2-3 歲<br>學習指標 | 3-4 歲<br>學習指標 | 4-5 歲<br>學習指標 | 5-6 歲<br>學習指標 |
|---|---|---|---|---|
| 語-2-3<br>敘說生活經驗 | | | | 語-大-2-3-3<br>依據聽眾的角度修改或補充敘說內容 |

### 語-大-2-3-3 依據聽眾的角度修改或補充敘說內容

　　1.依據聽眾的角度修改或補充敘說內容是「後設溝通能力」的展現。

　　2.「後設溝通」是指說話者思考自己所說的話，這樣的思考有助於說話者調整（修改或補充）敘說內容，以便讓聽眾更容易理解說出的話。

實例-語-大-2-3-3-a

　　下例是一位大班女孩在星期一假日生活分享活動中的敘說，她告訴全班：生日的時候，有人送她一隻猴子；接著說有位姐姐送她耳環。似乎是意識到同學可能不清楚是哪位姐姐，她立刻補了一句：「那個/樂透/彩券的那個姐姐。」由於這個班級都住在同一個社區，這樣的補充說明能幫助其他幼兒理解敘說裡提到的姐姐就是在女孩媽媽店門前賣樂透彩券的那一位。

　　那個上次我生日有人送我禮物/送一隻猴子

　　……

　　然後我們家還有一隻大猴子/那隻小猴子可以/那隻當他的那個寶寶

　　……

　　然後我很喜歡他們兩個/因為他們很可愛

然後王慧中一直說我好好/有那隻很可愛的猴子/王慧中說的

……

然後/然後/那個姐姐還送我一個夾頭髮的和磁鐵的耳環

……

（那個/樂透/彩券的那個姐姐）←補充說明（錄音，2007-11-26）

實例-語-大-2-3-3-b

　　教保人員可以**如何幫助幼兒提升此種後設溝通能力呢**？以下是一個例子。

　　在「故事國」這個主題的最後階段，金柑糖班分成兩組來編創和準備演出故事。在每天的主題時光開始時，老師會請兩組幼兒互相分享故事建構進度，請某位幼兒站在團體前描述；當他說完，老師就會問大家：「誰要補充？」或是「誰可以說得更請楚？」所以其他組員必須聆聽他敘說，以聆聽者的角色幫助組員表達得更完整。老師也會適時提問，例如：當幼兒提到「劇本」這個詞的時候，等幼兒說到一個段落，老師就問大家：「什麼叫做劇本？劇本是用來做什麼的呢？」以提問的方式幫助敘說者明白，剛剛說的話裡有些用詞或內容聽眾可能不了解，需要進一步說明。這樣的人際互動，會漸漸地內化成幼兒個體內的後設溝通能力；幼兒漸漸就能學會站在聽眾的角度，檢視自己所說的話是不是容易理解。

| 課程目標 | 2-3 歲<br>學習指標 | 3-4 歲<br>學習指標 | 4-5 歲<br>學習指標 | 5-6 歲<br>學習指標 |
|---|---|---|---|---|
| 語-2-3<br>敘說生活經驗 | | | | 語-大-2-3-4<br>以不同的話語、語氣和聲調描述生活經驗中的對話 |

**語-大-2-3-4 以不同的話語、語氣和聲調描述生活經驗中的對話**

　　1.「以不同的話語、語氣和聲調描述生活經驗中的對話」是口語能力，也是戲劇扮演能力。

　　2.教保人員可以運用以下幾種情境培養幼兒此種能力：

・平日為幼兒朗讀圖畫書時，以不同音質、語氣和聲調讀出不同角色的話語；依據角色性情與故事情節，使用不同的語氣和聲調讀出同一角色說的話。

・安排自己和幼兒共同參與戲劇演出，在戲劇演出中的說話經驗可以很快幫助幼兒提升這項能力。

・帶著孩子一起去看兒童戲劇演出也是提升這項能力的好方法。

| 課程目標 | 2-3 歲<br>學習指標 | 3-4 歲<br>學習指標 | 4-5 歲<br>學習指標 | 5-6 歲<br>學習指標 |
|---|---|---|---|---|
| 語-2-4<br>看圖敘說 | 語-幼-2-4-1<br>描述圖片主要<br>的人或物 | 語-小-2-4-1<br>描述圖片的細<br>節 | 語-中-2-4-1<br>敘說一組圖片<br>部分連貫的情<br>節 | 語-大-2-4-1<br>看圖片或圖畫<br>書敘說有主題<br>的故事 |

**語-2-4 看圖敘說**

　　1.說圖的能力是語言能力，也是美感能力。幼兒對圖的口語描述，呈現幼兒看圖的方式。

　　2.和成人相較，幼兒的視角通常顯得獨特而活潑，對細節的覺察常常超過成人。

　　3.幼兒說圖使用的文本，範疇可從一張圖、一組圖片到一本圖畫故事書。

**語-幼-2-4-1 描述圖片主要的人或物**

　　1.建議教保人員邀請幼兒：「跟我說說這張圖。」而不是指著圖中的元素問幼兒：「這是什麼？」請幼兒說圖，可以保留幼兒對圖的整體詮釋；而詢問圖中元素，很容易錯失幼兒對圖的整體掌握。

　　2.幼兒沉默以對時，才提醒幼兒說說圖中主要的人或物。

　　以下實例呈現**研究助理的問話方式，確實會影響幼兒看圖敘說的方式。**

實例-語-幼-2-4-1

在前述語文領域第一期研究（2006年2月至2008年1月）中，研究團隊構思如何編製「看圖說故事」測驗時，曾使用一套連環圖組，由我和助理到幼兒園請幼兒看圖敘說。我們使用包含四張小圖的圖組，描述一個人經過動物園猴子的住處時，給了猴子一根香蕉，沒想到猴子吃完香蕉後，把香蕉皮隨手一丟，使得送香蕉給猴子的那個人因而跌倒。這組圖的每一張圖裡都有人，也都有猴子。

助理問幼兒（女，3歲9個月）：妳看這邊有四張圖片/一/二/三/四/然後妳可不可以跟老師講說**妳看到了什麼東西**/從這邊開始講

幼兒（一邊用手指指著圖片上的猴子）：**一隻猴子**

助理：**然後咧**

幼兒：**再一隻猴子/再一隻猴子/再一隻猴子**

助理：還有咧/就是除了猴子之外/妳還看到了什麼東西

幼兒：**嗯/我看到一支香蕉/牠在吃香蕉**（錄音，2006年5月）

這項學習指標對 2～3 歲幼兒**說圖能力**的期待，是指圖像內容與表現較為複雜的單張圖，而不是需要說出圖與圖之間的關係的一組圖。這個例子提醒我們，**問話方式可能會限制幼兒對於圖像的覺察與詮釋**。

## 語-小-2-4-1 描述圖片的細節

1.幼兒說出**對圖的整體詮釋後**，教保人員可以鼓勵幼兒仔細看圖，並問幼兒：「告訴我，你還發現了什麼？」

2.如前所述，幼兒看到的細節遠比成人看到的多。

實例-語-小-2-4-1

（蔡玲玲小姐繪製）

下面這個說圖的 3 歲 9 個月幼兒，把每一張圖的細節都說了出來，但卻沒有意識到這是一組彼此有關係的圖。教保人員可以用問題來提示幼兒圖與圖之間的關係；或是選擇更容易讓幼兒看出圖與圖之關係的圖組，來提升幼兒覺察與說出圖之關係的能力。

幼兒：嗯/有一個媽媽要下車

這邊有一個小蛋糕/這邊有一個蝴蝶結/這邊有一個小公主/這邊有幾個色紙/一個剪刀/還有一個蘋果/還有一個小汽車/還有一個小鉛筆/還有一個小花花/還有一個裙子/這邊好像已經沒了/這邊有一個

這邊有一個媽媽帶著自己的小孩要上學/還有一個汽車

這邊好像很少/這邊只有一個笑笑臉（錄音，2006 年 6 月）

### 語-中-2-4-1 敘說一組圖片部分連貫的情節

1.教保人員可以**使用詮釋空間較大的圖組**，請幼兒說圖；或是和幼兒**一起製作圖組**，由其他幼兒來敘說。

2.當幼兒說不出圖與圖之間的關聯時，可以提示兩張圖裡同一圖像的變化，以幫助幼兒看出圖片之間的關係。

實例-語-中-2-4-1

（蔡玲玲小姐繪製）

以下是一位幼兒第一次說這組圖的內容。

幼兒：那個小女生她想跟媽媽說話

助理：然後呢

幼兒：她跟媽媽說她想買玩具

　　　她自己想

　　　她想了/她想要有這些玩具

　　　結果有一天有一個阿姨騎車子過去她們家

　　　然後等到晚上時候

　　　那阿姨送的盒子來的是一個狗狗//（錄音，2006 年 7 月）

　　幼兒說出第一張和第二張圖的關係，也說出第三張和第四張圖的關係，卻說不出整組圖的關係。關鍵在於幼兒沒有看出第一張圖和第三張圖中的女性是同一個人。於是，助理提供提示幫助幼兒思考：

助理：那妳看喔/這個阿姨跟這個媽媽是不是同一個人

幼兒：是

助理：所以這是阿姨還是媽媽（指第二張圖）

幼兒：啊/媽媽

助理：媽媽/那這個是她在跟媽媽講話（指第一張圖）

幼兒：妹妹

助理：妹妹在跟媽媽講話/喔那妳要不要再說一次（錄音，2006 年 7
　　　月）


幼兒思索 15 秒後，說出四張圖之間的連貫情節：

幼兒：媽媽跟妹妹在講話

　　　她想要有這些玩具

　　　媽媽就去幫她買了一隻小狗

　　　晚上打開盒子是一隻小狗狗（錄音，2006 年 7 月）


**語-大-2-4-1 看圖片或圖畫書敘說有主題的故事**

　　1.幼兒說一組圖時，如果能理解其間的關聯，就能說出整組圖的主
題。

　　2.主題是幼兒對圖組或故事的詮釋，而不是道德教訓。

　　3.教保人員應該細心**理解幼兒所說主題的思考理路**，不必一定要幼兒
說出成人認為的某種特定意義。


實例-語-大-2-4-1-a

　　我和助理使用前述猴子隨意丟香蕉皮的圖組，邀請另一個孩子說圖。


助理問幼兒：**請你跟我說這四張圖/從這邊開始講**

幼兒：有一天那個先生餵那個猴子吃香——蕉—

　　　那個猴子吃完香蕉/牠就把皮丟到外面

　　　然後啊/害那個先生走路的時候滑倒//（錄音，2006 年 5 月）

　　上述這位 6 歲女孩的敘說，說出了一種因果關係，也可以說是一個連貫四張圖的主題。

實例-語-大-2-4-1-b

（蔡玲玲小姐繪製）

幼兒：她的小孩想要玩具/一個玩具

助理：一個玩具/然後呢

（幼兒想了 30 秒）

幼兒：媽媽就告訴她說可以買

　　　然後她就想媽媽會買給她什麼

　　　媽媽就去寵物店買了一隻小狗回來

　　　她的小孩把它打開的時候原來不是玩具是小狗（錄音，2006 年

　　　6 月）

這位幼兒覺察並說出四張圖所呈現的「意外的禮物」之主題。

| 課程目標 | 2-3歲<br>學習指標 | 3-4歲<br>學習指標 | 4-5歲<br>學習指標 | 5-6歲<br>學習指標 |
|---|---|---|---|---|
| 語-2-5<br>運用圖像符號 | 語-幼-2-5-1<br>嘗試以圖像表達想法 | 語-小-2-5-1<br>以圖像表達情緒與情感 | 語-中-2-5-1 ⟶ | 語-大-2-5-1 ⟶ |
| | | 語-小-2-5-2<br>運用簡單的圖像符號標示或記錄 | 語-中-2-5-2<br>運用自創圖像符號像標示空間、物件或記錄行動 | 語-大-2-5-2 ⟶ |
| | | | | 語-大-2-5-3<br>運用圖像符號規劃行動 |
| | | | | 語-大-2-5-4<br>運用訊息類文本解決問題 |

語-2-5 運用圖像符號

　　1.在說明「**語-1-4 理解生活環境中的圖像符號**」與其下的學習指標時，已經提到如何幫助幼兒**覺察並理解圖像符號的功能**。圖像符號有哪些功能呢？生活環境中或自創的圖像符號可以用來**標示、記錄、規劃或說明**；圖畫書中的圖像可以**說故事**；自己繪製的圖像可以**表達想法、情緒和情感**。

　　2.覺察並理解圖像符號的功能，是運用圖像符號的基礎。

　　3.教保人員在教學中經常運用圖像與符號，並提供幼兒運用圖像與符號的機會，幼兒便能學會運用圖像與符號。

| 課程目標 | 2-3 歲<br>學習指標 | 3-4 歲<br>學習指標 | 4-5 歲<br>學習指標 | 5-6 歲<br>學習指標 |
|---|---|---|---|---|
| 語-2-5<br>運用圖像符號 | 語-幼-2-5-1<br>嘗試以圖像表達想法 | 語-小-2-5-1<br>以圖像表達情緒與情感 | 語-中-2-5-1<br>—————→ | 語-大-2-5-1<br>—————→ |

## 語-幼-2-5-1 嘗試以圖像表達想法

1.有具體回應範疇的問題，例如：「你最想得到什麼生日禮物？」可以請幼兒**畫出想法**。

2.建議邀請幼兒自己說明所畫圖像的內容，不要在意所畫的圖與表徵物件像不像。

實例-語-中、大-2-5-3（以下是中班幼兒的行動）

在「鐵馬迎風行」的主題課程中，老師預計帶著孩子騎腳踏車環繞社子島。正式啟動環島活動前，老師帶孩子走 次預定路線，提醒幼兒想一想：如果是騎著腳踏車經過這些路段，要注意哪些事。回到教室後，這些中班孩子把想法畫了下來。

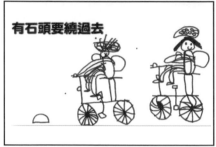

（劉紀婷老師提供）

**語-小、中、大-2-5-1 以圖像表達情緒與情感**

　　1.製作送給別人的卡片或畫心情日記時，鼓勵幼兒以圖像表達情緒與情感。

　　2.以圖像表達情緒與情感有許多可能的方式，教保人員和幼兒閱讀各種圖像風格的圖畫書時，可以提醒幼兒**觀察創作者表達故事氛圍或表現角色情緒、情感的方式**。

　　3.若僅提供「喜、怒、哀、樂」四種圖像（如印章）供幼兒選擇，可能會限制幼兒的情緒覺知和表達方式。

實例-語-小、中、大-2-5-1

　　以下分別是小班、中班和大班幼兒的心情日記圖，以及他們對自己的圖之說明。

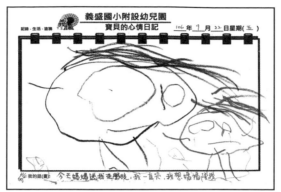

（小班幼兒：「今天媽媽送我來學校，我一直哭，我想媽媽陪我。」）

（中班幼兒：「今天我跟奕慈吵架，我不開心。」）

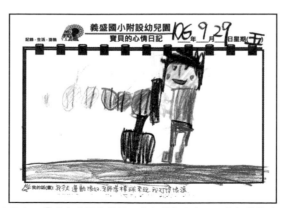

（大班幼兒：「我今天運動很好。老師借棒球來玩，我打得很遠。」）

（莊琬琦老師提供）

| 課程目標 | 2-3 歲<br>學習指標 | 3-4 歲<br>學習指標 | 4-5 歲<br>學習指標 | 5-6 歲<br>學習指標 |
|---|---|---|---|---|
| 語-2-5<br>運用圖像符號 | | 語-小-2-5-2<br>運用簡單的圖像符號標示或記錄 | 語-中-2-5-2<br>運用自創圖像符號像標示空間、物件或記錄行動 | 語-大-2-5-2<br>→ |

**語-小-2-5-2 運用簡單的圖像符號標示或記錄**

　　「簡單的」圖像符號是指**圖像**與文化中既有的、常見的**符號**，例如：「**語-中-1-4-1**」的說明與實例中提到的禁止符號（圓框加上斜線 🚫），就是幼兒熟悉的、簡單的符號。

**實例-語-小-2-5-2-a**

　　下面這張圖是一位小班幼兒對自己**早上生活的紀錄**。他告訴老師：「我畫我今天在玩教具，我拿杯子，就按叮叮。」

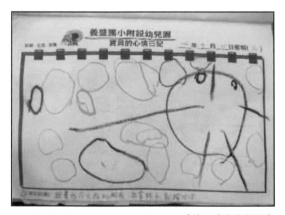

（莊琬琦老師提供）

實例-語-小-2-5-2--b

　　下面這張圖也是一個幼兒熟悉的簡單符號。在這個例子裡，幼兒使用叉叉來表示「不可以」的意思。幼兒畫了這個圖放在蓋好的積木城堡旁，提醒同學**不要用手推倒**他的作品。

　　教保人員可以提醒還不會寫字的幼兒，以圖像來表達自己的想法、標示或記錄生活。

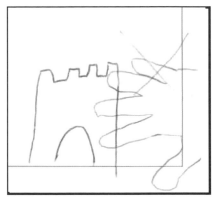

資料來源：蔡敏玲等人（2010）

**語-中、大-2-5-2 運用自創圖像符號標示空間、物件或記錄行動**

　　自創符號和簡單符號的不同之處在於：簡單符號是約定俗成的符號，**自創符號是沒有範本、自己創發的符號**，如以下實例。

實例-語-中、大-2-5-2-a

　　金柑糖班的幼兒，每人在磁鐵小相框中**繪製一個自己看得懂、能代表自己的圖案**。在全班進行討論時，幼兒可以使用嵌有代表自己圖案的磁鐵相框，在白板上放上磁鐵表達自己的選擇。下圖是全班認識校園裡的四棵樹後，老師把四種樹畫在白板上，和幼兒討論要在教室裡建構的樹種。

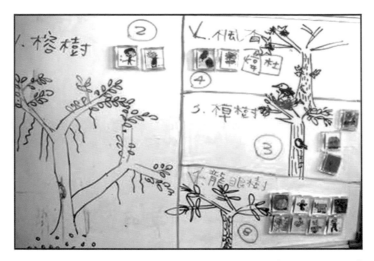

（戴芳煒老師提供）

　　如上圖所示，老師和幼兒選擇榕樹、楓香、樟樹，還是龍眼樹，一目了然。之後，老師帶著幼兒一起數，把選擇某一樹種的人數寫在白板上，最後決定在教室裡建構龍眼樹和楓香。在這個例子裡，幼兒自己**繪圖標示自己**，兩位老師則以姓氏或名字中的一個字來標示自己。

實例-語-中、大-2-5-2-b

　　下頁的圖是幼兒在同學媽媽來教幼兒製作蛋餅時，一位幼兒所畫的蛋餅製作流程。畫圖記錄的幼兒說，他想要把流程記錄下來，回家讓媽媽看，媽媽就能在家做好吃的蛋餅給他吃了。在這個例子裡，幼兒**用自創的圖畫記錄**了做蛋餅的流程。

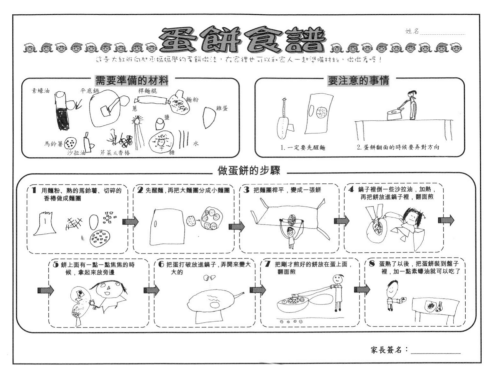

（戴芳煒老師提供）

**實例-語-中、大-2-5-2-c**

　　旻成的阿嬤到金柑糖班來表現拿手絕活「煮鹹粥」，老師請愛畫畫的心和在旁記錄過程。他自己畫出阿嬤使用的每一樣食材，並用數字標示這些食材下鍋的順序。

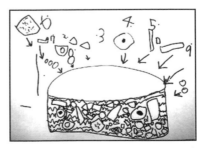

（戴芳煒老師提供）

| 課程目標 | 2-3歲<br>學習指標 | 3-4歲<br>學習指標 | 4-5歲<br>學習指標 | 5-6歲<br>學習指標 |
|---|---|---|---|---|
| 語-2-5<br>運用圖像符號 | | | | 語-大-2-5-3<br>運用圖像符號<br>規劃行動 |

### 語-大-2-5-3 運用圖像符號規劃行動

　　不同於使用圖像符號記錄已經發生的事，以圖像符號規劃未來的行動，需要**以圖畫記錄想像或對於還沒有發生的事之規劃**。幼兒知道運用圖像符號規劃行動，是老師一再示範與鼓勵幼兒嘗試後的成果。

### 實例-語-大-2-5-3-a

　　在「我們的樹朋友」主題中，老師帶著幼兒實地觀察樹之後，全班決定在教室內建構兩棵立體樹──龍眼樹及楓香，接著討論建構兩種樹所需的素材和作法，並以圖像呈現。幼兒的圖記錄了討論內容，也畫出他們對建構樹木行動的規劃。

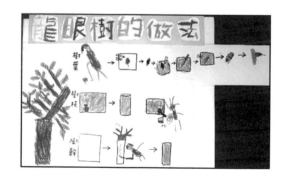

（戴芳煒老師提供）

實例-語-大-2-5-3-b

　　探訪佳新家的果菜園之前，老師請幼兒**先把自己想知道的事情畫下來**，到時候才好向佳新阿嬤提問（如下面左圖）。參觀果菜園時，老師再次提醒幼兒把阿嬤的回應記錄下來（如下面右圖），回學校時可以再次整理大家對菜園的認識。

問：阿嬤為什麼要種那麼多菜？
答：給我們家五個人吃。

問：地瓜葉可以長多大？
答：像我的手掌一樣大。

（戴芳煒老師提供）

　　幼兒畫出將來才會發生的事，也可以說是**把自己對於未來行動的想法用圖記錄了下來**。

實例-語-大-2-5-3-c

　　右圖是一位男孩畫的闖關圖。他規劃了五個關卡，並使用這張圖向同學解說，希望自己的想法能得到支持。

（莊琬琦老師提供）

| 課程目標 | 2-3 歲<br>學習指標 | 3-4 歲<br>學習指標 | 4-5 歲<br>學習指標 | 5-6 歲<br>學習指標 |
|---|---|---|---|---|
| 語-2-5<br>運用圖像符號 | | | | 語-大-2-5-4<br>運用訊息類文<br>本解決問題 |

### 語-大-2-5-4 運用訊息類文本解決問題

1.訊息類文本是「介紹概念、知識或提供訊息的文本」（教育部，2017，頁 56），包括幼兒較常接觸的知識類圖畫書、一般知識類書籍和書面訊息。

2.說明「語-中-1-5-1 知道知識類圖畫書的功能」和「語-中-1-7-3 知道各種書面訊息的功能」時，已經指出，教保人員要熟悉各類訊息類文本，經常示範使用訊息類文本解決問題，幼兒就可以學會以訊息類文本為解決問題的資源之一。如下列實例中的幼兒。

### 實例-語-大-2-5-4

到教室外散步的時候，幾個幼兒在教室前發現了一隻鍬形蟲。他們把鍬形蟲放在容器裡，下圖的男孩專注地盯著蟲看，大班的婕和中班的宏一起查閱圖鑑，想找出鍬形蟲的名字。

（莊琬琦老師提供）

如果我剛好在教室裡或知道這件事，我會建議孩子閱讀以下這本書。

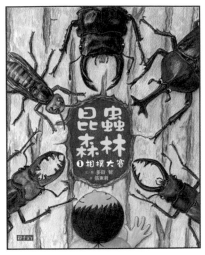

文・圖／多田智；譯者／張東君
親子天下出版

| 課程目標 | 2-3 歲<br>學習指標 | 3-4 歲<br>學習指標 | 4-5 歲<br>學習指標 | 5-6 歲<br>學習指標 |
|---|---|---|---|---|
| 語-2-6<br>回應敘事文本 | 語-幼-2-6-1<br>說出喜歡的敘事文本 | 語-小-2-6-1<br>描述故事的主要角色<br><br>語-小-2-6-2<br>說出或畫出敘事文本中印象深刻或喜歡的部分 | 語-中-2-6-1<br>描述故事角色間的對話與情節<br><br>語-中-2-6-2<br>說出、畫出或演出自己是敘事文本中的某個角色會有哪些感覺與行動 | 語-大-2-6-1<br>說出、畫出或演出敘事文本的不同結局<br><br>語-大-2-6-2<br>→ |
| | 請參見第五章 | 請參見第五章 | 請參見第五章和以下的實例 | 請參見第五章的實例 |

語-2-6 回應敘事文本

1.幼兒體驗各類型的敘事文本（如詩、故事、戲劇、動畫、電影）後，**有能力「回應」**，即能夠：（1）**對文本整體或某個部分提出看法或表達感受**；（2）**想像自己是文本中的某個角色**（或和角色有類似的經驗）會有什麼樣的感受；（3）**直接對文本中的**角色說話。以下兩個實例[2]呈現幼兒對故事的口語回應[3]。

2.透過大量的閱讀經驗與閱讀過程中的學習，回應的能力才能持續精進。

3.教保人員除了定期安排閱讀活動外，還應該**提升自身閱讀各類敘事文本的能力**，以便幫助幼兒體驗更多閱讀與回應的樂趣。

---

2 本書第五章還分享了許多老師在讀完圖畫故事書後，創造幼兒回應空間與促發幼兒思考的問題。

3 這兩個實例都是「說」的例子，第五章提供「畫」和「演」的例子。

4.幼兒對敘事文本的回應能力能否逐漸提升，老師提出的問題扮演關鍵角色。教保人員可以依據故事類型與內容，**提出不同類型的問題**。

5.幼兒對敘事文本的回應，必須以幼兒對敘事文本的理解為基礎；從幼兒的回應內容就可以看出幼兒對敘事文本的理解。在 實例-語-中-2-6-2-a 中，幼兒對「三隻熊在想什麼」的看法，同步顯示幼兒對這個故事的角色和情節之理解。

6.邀請幼兒改編故事結局，也需要以幼兒對故事的角色與情節之理解為基礎。幼兒理解角色的性情，才能想出合乎這個角色個性的新情節。

7.教保人員可以讓幼兒的主要照顧者一起參與或記錄幼兒在家裡對敘事文本的回應，邀請幼兒說出、畫出或演出自己最喜歡的角色或呈現其他的回應。

實例-語-中-2-6-2-a

　　**和幼兒讀完《三隻熊》這個故事後**，老師指著書裡的一頁圖（圖中的三隻熊望著遠去的小女孩，讀者看到的都是背影），和幼兒展開以下的對話：

**老師：你覺得這個時候，這三隻熊在想什麼？**

慈：小熊想要跟小女孩玩，爸爸和媽媽也想。

斌：熊媽媽烤了一個杯子蛋糕，烤好了，是小熊要吃的；小女孩不可以吃，因為她有吃了。

庭：他們想要叫小女孩一起去散步。

翔：他們會難過，因為小女孩不會來了。

懿：三隻熊想要跟小女孩玩，也想一起去散步。

瑜：她肚子餓，以為那裡沒人住所以才進去的。

陽：他們要請她吃東西，結果她跑掉，希望她回來可以分她蛋糕吃。

......

老師：你覺得這三隻熊想跟小女孩做朋友嗎？

（孩子們說：「想！」）

老師：可是她把小熊的搖椅弄壞耶，怎麼辦啊？有關係嗎？

珹：先把小熊的搖椅修好，就可以給小熊坐了，小女孩坐過了，不要
　　讓她坐。

中：那去買新的搖椅。

陽：再重修，修理好就好了。

慈：可以給媽媽抱。

......

資料來源：蔡敏玲、戴芳煒（2008，頁147-148）


實例-語-中-2-6-2-b

　　老師和幼兒讀完《白雲麵包》後，先問了
一個和情節有關的問題；接著請幼兒想像，如
果他們和故事中的兩隻貓小孩一樣，也吃了白
雲麵包，會發生什麼事。

文‧圖／白希那；譯者／蘇懿禎
維京出版

**老師：為什麼吃了白雲麵包會飛起來？**

鋒：因為白雲輕飄飄的啊。（很多人說）

翔：雲跑到肚子裡，就飄起來，飄起來

　　　......

陽：因為麵包裡面包著白雲。

老師：**白雲做的麵包，吃起來是什麼滋味啊？**

詠：鹹鹹的，因為媽媽有加鹽。

慈：應該像棉花糖很軟，像小丸子用雲做的棉花糖，吃起來是甜甜的。

懿：冰冰的，很清涼。

仁：我覺得像是西瓜的味道。


老師：**你想不想吃吃看？（想～～）假裝吃了一個，接下來會發生什麼事？**

庭：飛起來，飛得很高很高，可以看見很多車子和人。

翔：我可以飛到雲上面坐著。

傑：飛到天空，把雲拿回家給媽媽，可以做更多白雲麵包。

慈：變成一隻小鳥，把樹枝上的雲帶回家，媽媽就會說：我的女兒怎麼變成小鳥了啊！

廷：假如你想去台灣，就可以飛到台灣；想去哪裡就飛到哪裡。

詠：我去哪裡都可以用飛的，腳就不會痠了。

| 課程目標 | 2-3 歲<br>學習指標 | 3-4 歲<br>學習指標 | 4-5 歲<br>學習指標 | 5-6 歲<br>學習指標 |
|---|---|---|---|---|
| 語-2-7<br>編創與演出敘事文本 | 語-幼-2-7-1<br>喜歡嘗試說故事 | 語-小-2-7-1<br>重述故事 | 語-中-2-7-1<br>編創情節連貫的故事 | 語-大-2-7-1<br>在扮演情境中依據角色的特質說話與互動<br>語-大-2-7-2<br>創作圖畫書 |
| | | | 請參見第五章之四 | 請參見第五章之四 |

## 語-2-7 編創與演出敘事文本

1.教保人員提供幼兒豐富的敘事文本體驗經驗，同步地，也可以逐步提供幼兒編創、繼而演出敘事文本的機會。

2.從邀請幼兒把聽過的故事重述一次，鼓勵幼兒嘗試說故事，到引導幼兒編創與演出故事，必須是幼兒園生活中**長程而且定期的活動**。

3.**這項課程目標下的學習指標沒有提及「兒歌與童詩的編創」，請自行增加此項目標。**

4.歌謠與故事的創作都需要長期蘊生的素養，教保人員必須不斷學習，才能協助幼兒享受更多創作的樂趣。

## 語-幼-2-7-1 喜歡嘗試說故事

1.學習指標「**語-幼-2-3-1**」指出，2～3 歲幼兒有能力「敘說一個經歷過的事件」，但事件不等同於故事。學者對故事的定義各有文化與學術背景，例如：有些人堅持情節中要有「衝突」或「危機」才算故事；有些人則認為不見得。此處暫時擱置這些定義的差異，只聚焦於故事定義的共通之處，那就是故事具有角色、場景、情節、主題和結構。

2.聽故事的經驗會幫助幼兒慢慢建構自己對故事的感覺和概念。

3.教保人員讓幼兒坐在腿上，說故事或唸故事給幼兒聽；之後，可以立即邀請幼兒，對一個或一組幼兒說：「現在，換你（們）說給我聽。」

4.這項學習指標的重點是**提供幼兒嘗試說故事的機會**，教保人員專注聆聽與具體回應可以帶給說故事的幼兒成就感，讓幼兒想要一再嘗試。千萬不要用某種標準來檢驗幼兒說的故事算不算故事。

## 語-小-2-7-1 重述故事

1.重述故事可以在每次教保人員和幼兒共讀圖畫故事書之後發生，第五章有具體實例。教保人員說完故事或唸完一本圖畫故事書後，可以邀請幼兒看著圖把故事再說一次。

2.邀請幼兒重述故事，主要用意在於**提供幼兒建構故事概念和培養「故事感」的機會**，且因為有所本（教保人員剛剛說過一次或有圖可看），也算是創編故事前，較為輕鬆的說故事練習。

3.人重述故事常常具有情感的理由，例如：在《我出生的那一天》（2002，格林出版）這個故事裡，小女孩不斷要求爸爸媽媽再跟她說一次她出生那天晚上發生的事情。女孩想要透過爸爸媽媽的重述，一再確認爸爸媽媽和自己之間的緊密連繫，也想再次溫習爸爸媽媽在她出生那一天對她全心全意的關注。阿公阿嬤重複敘說同一件往事或同一個故事，也有不容輕忽的情感理由。教保人員可以透過和幼兒一起閱讀類似前述的書籍或是透過討論，幫助幼兒理解重述故事不只是一種能力，這個行動通常顯示某種情感或心理需求。

# 5 和幼兒共讀與編創圖畫故事書

蔡敏玲、戴芳煒

## 一、尋常的閱讀景致：「光線那條路就是回家的路」

2007年的最後一天，小煒老師的網誌上記載著，她從我送給她的一箱書裡找到《利兒找到了路》這本書和孩子一起讀。

文／菲莉斯・路特；圖／克利斯多佛・丹尼斯
譯者／宋珮；和英出版

她說：「讀的書多了，想再從文字很少的簡單故事出發，與孩子好好討論，尤其是圖，這本書每一頁大地色系的粉彩畫都值得細細品味，是我很喜歡的畫風！」

讀著讀著，講到利兒在樹林裡迷路了。老師問孩子：「利兒迷路了，怎麼辦？」孩子的回應好熱切：

傑：用叫的，叫爸爸媽媽。

陽：去找回家的路，找剛才去過的路。

懿：自己去找路。

鋒：叫他的好朋友陪他回去。

翔：我剛才看到一隻松鼠，就跳下來問他說：「要怎麼找到我家
　　的路」，他就會告訴你走哪裡。

老師：喔，可以問問小松鼠，小松鼠知道嗎？

翔：因為他在那裡啊，他家住在那裡啊。

斌：我剛才看到「ㄏㄡ～ㄨ」的聲音。


　　故事講完後，老師**如常提出一些問題和幼兒討論**。這些問題有些是老師事先構思的，有些是在讀故事的當下萌發的。問題內涵，有些是關於主角、情節、場景、主題；有些是關於這本書的圖像表現。

**老師：為什麼利兒會迷路？**

鋒：因為**他喜歡追那個大葉子**，然後他就迷路了。

詠：因為**那個黃色的大葉子想帶他去散步**，在森林裡散步，然後
　　再繞回來。

**老師：後來呢？帶著帶著，**

詠：利兒就以為他自己迷路了，反正那個黃葉子會帶原來的路[1]。

傑：因為他穿過很多的樹。

庭：因為**他想和樹葉去找一個安安靜靜的地方玩**，然後玩到天黑
　　的時候，他發現房子不見了，也找不到爸爸媽媽。

---

1　詠的意思是，利兒以為自己迷路，但其實他並沒有迷路。

　　接著，老師帶孩子找出每頁圖畫中的黃葉子，直到葉子不見了的那一頁。

**老師：葉子呢？葉子去哪了？**

鋒：葉子回家了。

瑢：葉子已經先走路了，他又飛到原本熊媽媽和熊爸爸那邊了。

懿：可能松鼠已經跑掉，看到那個葉子，拿去睡覺了。

庭：可能在他的腳下[2]。

老師接著問大家：「**利兒在哪裡迷路啊？**」

幾乎是全部的孩子一起回應：「森林裡。」

老師緊接著問：「**這是一個怎樣的森林啊？**」

斌：有很多樹的森林。

陽：已經打過仗的森林，因為很像亂七八糟的。

詠：很像晚上會有很多貓頭鷹、很恐怖的東西。

庭：很像有很多水果的森林。


　　接下來，老師請孩子看利兒大喊的那三個頁面。在這三頁裡，利兒在畫中所占的空間愈來愈大。

**老師：為什麼利兒會愈來愈大？**

懿：他想要快點找到，一直想要找到媽媽。

詠：因為他覺得路在旁邊，愈來愈旁邊，愈來愈旁邊，就會變大。

陽：有些人都看不清楚，那個畫家就畫很大的熊。


　　看完愈來愈大的利兒，老師和孩子分享她和傑的共同發現：

---

2　庭的意思是，葉子可能在小熊利兒腳下，而利兒沒有發現。

老師：跟你們說我跟傑的大發現喔，這個森林暗暗的，其實森林
　　　裡有陽光喔！

老師請孩子仔細看利兒大喊的第三頁，畫面中的利兒稍微仰頭，朝著
陽光的方向喊。

老師：為什麼他最後朝著陽光大吼一聲？

傑：因為只有陽光不會迷路，因為雲知道他的家，可以叫好朋友
　　來幫他。

詠：因為那個葉子幫他照光，讓他知道路是哪裡。

好：我覺得他很靠近陽光，陽光就照下來了。

陽：如果對太陽大喊一聲，會覺得很有精神，就可以繼續去找回
　　家的路。

庭：因為他以為光線那條路就是他回家的路。

斌：陽光看著他，大聲一喊，然後剛才利兒找到了路，他就回來
　　了。

老師：最後利兒是怎麼回家的啊？

小孩們：聽聲音。

陽：聽爸爸媽媽的聲音。

慈：他聽到爸爸媽媽的聲音，跟著那個聲音走。

庭：他們好久了，不知道小熊去哪裡了，就一直找，聽到小熊的聲
　　音，就把聲音傳過去給小熊聽到，然後他就知道怎麼找路了。

老師：這本書最重要的角色是誰？

懿：爸爸媽媽和小熊，因為最後他們又一起玩了。

瑜：利兒，他去抱爸爸媽媽最重要。

斌：利兒，利兒剛才自己迷路。

雄：利兒，他一直出現。

鋒：他爸爸媽媽，一直出現。

錫：樹葉，我覺得它是角色，它有一直出現，剛才出現在那裡，
　　又出現在那裡，又出現在樹那裡，就不見了。角色那裡不
　　見，他就迷路了。

瑢：黃色樹葉和爸爸媽媽和利兒，一直出現；（葉子）應該是要
　　讓我們有一點點大發現那是誰的故事，這樣我們才會覺得它
　　哪裡一模一樣，而且每一頁都有不一樣的地方，讓我們大發
　　現。

傑：雲，他走就跟他走[3]。

陽：利兒，雖然他自己迷路，又自己回到家裡那一頁很好看。


老師在網誌上寫著：

　　簡短的故事，讓老師有充裕的時間鋪陳討論；細緻有質感的圖畫，讓我們能細細欣賞。孩子對圖裡的故事有更多再創造空間，我很喜歡這本書和這場討論。

　　暗鬱卻微透光線的森林、利兒追逐黃葉的莫名專注，很吸引我。迷路的緣由被孩子們讀得很浪漫，有點傻，但一點都不傻，迷失樹林中卻不讓人感到驚恐，色彩單調其實豐富（粉彩多色的疊塗混合）。

　　最後，利兒還是找到了路，

　　結局溫暖快樂，黃葉又參與了擁抱的畫面。

　　（小煒老師網誌，2008-01-01）

---

3　傑的意思是，雲跟著利兒走。

讀了小煒老師的共讀紀錄與思考，滿心讚嘆的我立刻回應：

光線那條路，就是回家的路。

棒棒糖班像是很多 Frederic 聚集的小詩社了。

還記得[4]那隻在平日蒐集陽光、色彩和話語，

到了枯乾的冬日，用動人的詩句給同伴溫暖的小老鼠嗎？

向來我們看著陽光，斌卻說**陽光看著人**，

走過像打過仗的森林，讓陽光看一下，確實會有不再迷路的力量吧。

另外，我有個小發現：

孩子所說的重要角色，不太是我概念中的主角，或是討論小說常用的 protagonist，

孩子認定角色重要，不是以故事的發展做為判斷標準，

而是回應老師而說出，在他們的眼中，「什麼是重要的？」

在一起玩是重要的；一直出現是重要的；靜靜陪伴是重要的；讓人不斷有大發現是重要的；擁抱親愛的人是重要的，

確實很重要啊，就像冬天的陽光一樣。

祝福每一位小小詩人和這麼願意聽孩子說話的老師，

2008 年迷路有人陪，找到路很快樂，享受陪伴和擁抱，

陽光和雲一直靜靜看著你們，

能開發出這樣的文學探索空間，

最重要的，當然是帶領孩子在文學森林裡散步或跳躍的老師。

你們走的路，一直都有光在跳舞。

你看見了嗎？（網誌回應，2008-01-01）

---

4　小煒老師是我的學生，她在學時（當時的國立臺北師範學院），我曾在「語文教材教法」的課堂上，向她們介紹 Leo Lionni 的作品，以及 Paley 老師如何和幼兒一起閱讀這些作品，並展開精彩的文學討論。

　　這場好看又好聽的圖畫書閱讀紀錄，其實是棒棒糖班**尋常的生活景致**。老師帶著這個班級，每個星期一起讀三本圖畫故事書，一年下來，讀了超過一百本書。每天放學後，小煒老師憑著錄音筆的紀錄和記憶所及，立刻將共讀與之後的討論，以及她的感覺和思考呈現在網誌上。我也透過她的網誌與實地觀察，認識了這群愛讀圖畫故事書的孩子。每天，等著看共讀紀錄，並提出我的觀感，也成了我的日常美事。上述以相當篇幅呈現小煒老師的網誌和我的回應，用意在於分享對於共讀圖畫故事書這件事，老師的專注與享受。

　　兩年間，我發現：**老師提出的問題靈活不落俗套，確實為孩子創造探索的空間**。孩子的回應顯示他們的思考相當認真；而那些充滿比喻的話語，透露他們與文學長期互動的經驗。**老師自身就是享受細細體驗圖畫書的讀者，帶出一群習慣思考故事、喜歡觀察圖像的孩子。**

　　透過棒棒糖班的閱讀生活以及小煒老師對這段生活的觀察與紀錄，以下將分享營造閱讀文化，以及和幼兒共同閱讀、回應與編創圖畫故事書的可行方式。

## 二、營造閱讀文化

　　上述對棒棒糖班而言，十分平常的閱讀風景，正是班級閱讀文化的展現。閱讀文化的營造，**讓閱讀成為生活的一部分，從幼兒進入學校的第一天就可以開始**。下表是棒棒糖班的一週作息表[5]。

---

5　關於閱讀文化的營造，讀者也可參考〈畫一個星星給我：和幼兒一起編織文學密網〉（蔡敏玲、戴芳煒，2008）一文中第 149 至 152 頁的說明。

| | 星期一 | 星期二 | 星期三 | 星期四 | 星期五 |
|---|---|---|---|---|---|
| 7：30～8：10 | 快樂上學、角落時間 | | | | |
| 8：10～8：50 | 升旗、運動 | 全園律動 | 角落活動 | 角落活動 | 升旗、運動 |
| 8：50～9：40 | 假日生活分享、介紹好書 | 創意畫 | 角落分享 | | 票選一週好書 |
| 9：40～10：10 | 點心時間 | | | | |
| 10：10～10：30 | 戶外活動、靜息 | | | | |
| 10：30～12：00 | 主題活動 | | | | 好書借閱 |
| 12：00～13：00 | 午餐、盥洗、散步 | | | | |
| 13：00～13：10 | 睡前故事 | | | | |
| 13：10～13：40 | 午休時間 | | | | |
| 14：40～14：50 | 整理內務 | | | | |
| 14：50～15：20 | 閱讀時間 | | | | |
| 15：20～15：50 | 好書導讀 | | | 小朋友說故事 | 週末叮嚀 |
| 15：50～16：00 | 點心時間 | | | | |
| 16：00 | 放學 | | | | |

　　從上表可以看出，棒棒糖班每個星期有以下**和閱讀或編創故事有關的**例行活動。

## （一）週一介紹新書

　　每週一，老師為孩子介紹三本好書，這些書可能是剛出版的新書、和課程主題有關，或孩子正有興趣的題材。介紹完，老師會請孩子把書放入書架，並提醒孩子可以自由閱讀。

## （二）自由閱讀

　　每天下午孩子午睡醒來，14：50～15：20 這個時段，兩位老師自己選書閱讀；孩子也是自己選想看的書看或是湊到老師身邊，和老師一起閱讀。

## （三）全班共讀

　　星期一到星期三 15：20～15：50，老師帶著孩子閱讀當週新書並進行討論（如本章一開始呈現的《利兒找到了路》閱讀紀錄）。

## （四）票選好書

　　**每週的星期五**是票選好書的日子，活動在8：50～9：40舉行。票選的步驟如下：老師帶著全班把三本好書瀏覽一遍，看的時候孩子同樣可以「說」出故事內容。接著，請孩子個別「推薦」好書，說出他認為哪本最好以及支持的理由。最後，由一個孩子主持全班票選好書活動，選出當週最多人喜歡的一本，成為當週好書。老師會把每週全班選出的當週三本好書封面，製作成如下頁的圖，放在教室前。孩子進出教室時，經常站著觀看或和同學一起看，手指著書，開展和書有關的對話。

　　到了月底，老師還會請孩子發表自己最近最喜歡的一本書，並說說書中最精采的部分、最令人喜歡的地方。老師再彙整每個孩子喜歡的書的封面和理由，製作成以下的圖，放在教室前方。當孩子的家人來接送孩子時，就可以看見自己的孩子最近或當月最喜歡的書和理由。

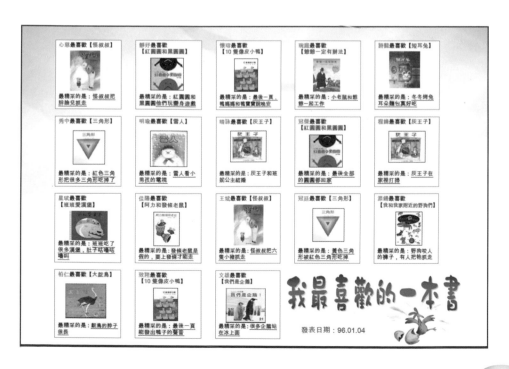

## （五）借書回家

星期五 10：30～12：00，孩子向學校借書回家和家人共讀。孩子們完成借閱手續時，會自己畫下封面作為紀錄，在棒棒糖班稱為「閱讀護照」。如下圖。

文／古藤柚；圖／Sudou Piu；譯者／林真美　　　　（戴芳煒老師提供）
阿布拉出版

## （六）週末與家人共讀

每個週末，孩子與家人共讀向學校借回去的書。依據孩子自己畫的圖和口語說明來推測，有人與媽媽坐在椅子上讀，有人睡前和手足一起聽爸爸說故事，還有人早起讀書呢！

## （七）創意畫和說故事

　　每週二 8：50～9：40，老師會向孩子呈現白紙上的某種圖形或線條，然後問孩子：「這是什麼？你會把它變成什麼？」等孩子一一說完自己的想法（如下例中獅子的臉、鳥窩）後，老師就鼓勵孩子們從這個想法出發，畫出某種行動或事件，並且提醒孩子，**想出和別人不一樣的故事**。畫完的孩子可以說給老師聽，老師會詳細地記下孩子的話。以下是幾個例子。

| | |
|---|---|
|  | 這是什麼？<br>你會想到什麼呢？<br>你會把它變成什麼？ |
|  | 有一天獅子走去買東西，<br>突然下大雨，<br>他覺得很冷，就說：<br>「我最喜歡跑到大雨裡面，<br>好冰喔！衝啊！」<br>他一直衝，都不知道路在哪裡，<br>回不了家。 |
|  | 鳥媽媽生蛋生出來，<br>不過幾天樹枝就要斷了，<br>樹枝太細，鳥窩太重，<br>沒人出來救他們。<br>鳥窩掉下來，<br>蛋沒有破掉，<br>滾到山裡面去，那是森林。<br>繼續滾，滾到很累，蛋就睡著了。 |

蛇的家在地底下，
蛇過生日，
螞蟻跟蚯蚓一起來慶祝。

螞蟻被閃電打到，打到屁股好痛，
螞蟻說：「我要回家用 OK 繃貼。」

彩色鍬型蟲。
出去玩，吸食物。

## （八）小朋友說故事

每週四15：20～15：50是「小朋友說故事」時間。孩子自由報名，選擇自己熟悉且喜歡的一本書，說故事給全班聽。

## （九）睡前老師說故事

每天午睡前，孩子們躺在被窩中，老師會為大家讀故事（通常是當週新書），孩子們總是靜靜聆聽，滿足地進入夢鄉。

下圖是孩子所體會的睡前故事時光，他們用圖像表現這個時光的自己和行動。

像這樣，閱讀以及和閱讀有關的活動，頻繁出現在棒棒糖班的學校生活和幼兒的家庭生活裡，成為熟悉的日常。例行的活動，要成為令人喜歡、想一再進行的活動，只靠規定是行不通的。閱讀圖畫書成為幼兒真心喜歡的活動，**關鍵在於老師本身對閱讀展現的喜愛、故事好聽，以及故事後的問題引發的思考，成為幼兒享受的事。**

　　以下分享棒棒糖班的小煒老師和幼兒共讀圖畫書的方式，說明重要原則與長期進行討論的方式，然後呈現棒棒糖班閱讀《小魚散步》這本書之後的討論歷程。

## 三、和幼兒共讀圖畫故事書：原則與方式

### （一）體驗圖畫故事書的可行方式

　　以下是棒棒糖班的小煒老師和幼兒**體驗圖畫書的方式**：

　　1.介紹書名和作者，有時邀請幼兒依據封面的圖像猜猜故事內容。

　　2.老師為孩子朗讀故事，從頭讀到尾。

　　3.重新把書翻看一次，請幼兒仔細看圖。

　　4.把書逐頁再翻一次，讓幼兒自己看圖說故事。

　　5.討論。

### （二）體驗圖畫故事書的重要原則

#### 1.整體和細部的循環

　　圖畫故事書是文學作品，也是藝術作品。閱讀文學、藝術作品應該**先掌握整體，再進行細部探索，於細部探索後再回到對整個作品的領受**，例如：上述棒棒糖班的閱讀方式，老師為幼兒朗讀圖畫書時，把書面向幼兒，說完故事後，再讓幼兒把整本書看一次，這都是提供幼兒整體體驗圖

畫故事書的方式。在整體體驗圖畫故事書後，於討論時段對故事和圖像表現進行細部探索，再回到主題掌握與整體評價——這樣的閱讀方式能帶領幼兒進入**整體—細部—整體的詮釋循環**。

　　有些老師在第一次向幼兒介紹故事時，或是每翻一頁或幾頁，就會停下來和幼兒討論當頁的內容。這樣做的理由，或許和 Sipe（2000）的顧慮一樣，認為兒童的回應一邊閱讀一邊發生，如果請兒童等到讀完故事後的討論時間再分享他們的「大發現」[6]，那些回應就會不見了。依據 2007 年 9 月～2008 年 6 月間，我在棒棒糖班的現場觀察，以及小煒老師的錄音與書面紀錄，我們發現讓幼兒完整地體驗故事後再分享，並不會消弭幼兒回應的熱情或減損回應的內涵。閱讀過程中，總是有孩子等不及而大聲說出自己的「大發現」，「但是從來沒有兒童因為等待討論時刻的到來，而遺忘了自己的『大發現』。關鍵可能在於兒童確信討論時，老師一定會讓他們一一分享自己的發現」（戴芳煒、蔡敏玲，2013，頁 24）。

## 2.探索一座森林或是尋找一面旗子

　　閱讀圖畫故事書的第二個原則，建議捨棄工具式的閱讀，以從容而細緻的方式體驗圖畫故事書。工具式的閱讀就是不顧文本的性質與內容，單單以獲得某種特定教導或資訊為目的之閱讀，也就是第三章所說的，把故事工具化。常見幼兒園教室裡，讀完一個故事後，老師會問幼兒：「這個故事要告訴我們什麼呢？」只要幼兒讀到特定訊息，就算大功告成；完全不理會故事角色的刻畫、情節的安排、圖像的敘事能力與呈現方式等面向，對於詮釋文學藝術作品的可能作用。

　　**體驗圖畫故事書就像走入一座森林。**森林裡各式各樣的植物和動物，

---

6　棒棒糖班的老師和幼兒把他們閱讀時的各種覺察（如圖像在一本書的前後變化）稱為「大發現」。

在一天之中不同時間的陽光照射下，產生許多風貌和繁複的色澤。森林裡還有各種聲音，隨著進入森林的腳程遠近，在耳邊構成不同的合奏。而每座森林都有不一樣的特色和溫度，在一天中的不同時間或一年中的不同季節，進入森林都可能有不同質感的體會。但是，如果在森林入口，我們告訴幼兒，老師在森林裡放了一面旗子，進入森林的任務就是找到那面旗子。可想而知，森林的氣味、聲音、色澤與光影，還有森林裡那麼多的動物和植物，都不會被感知；幼兒和老師心心念念地就是要找到那面旗子。工具式的閱讀雖然能快速**找到一面旗子，卻也就會錯失一整座森林**。文學藝術作品是值得慢慢欣賞而流連忘返的森林，而不是找旗子遊戲的物理空間。

和幼兒體驗一本本的圖畫故事書，就像走入一座座可以細心探索的森林，除了前述要保留幼兒「完整體會」的空間外，討論時段的細部探索有賴教保人員**提出好的問題，兼顧廣度和深度**。

## （三）討論的廣度和深度

### 1.討論故事的面向

帶領幼兒細部探索圖畫故事書時，要探索哪些面向？問什麼樣的問題呢？

Nodelman 與 Reimer（2003）認為，讀者可以主動創塑文學作品的意義。如何創塑意義呢？場景、人物、情節、結構、主題和觀點過去被視為**文學作品的構成要素**；他們認為，在這些要素之前加上動詞，可視為**讀者理解或詮釋作品可用的策略**，包括：「將描述具象化」、「閱讀角色」、「發現故事與體驗情節」、「尋找主題」、「探索主題結構」、「傾聽敘事聲音並辨識焦點」（pp. 57-74）。這些策略是否可以豐厚讀者對作品的詮釋，需要讀者自己學習使用與慢慢體會。教保人員可以試著運用這些策

略閱讀圖畫故事書，以提升自身賞析作品的能力。這些策略同樣也可以成
為老師幫助幼兒體驗圖畫書的方式，即，討論時段提問的面向。

　　在戴芳煒（2010）對自身連續兩年帶領大班到小一兒童閱讀圖畫故事
書所提問題的分析，發現老師提出的問題都不是考驗幼兒對故事記憶程度
的問題，而**是需要幼兒或兒童整理圖文細節並進行推理的問題**。我對於小
煒老師於 2007 年～2008 年 1 月共 24 篇與幼兒共讀圖畫故事書歷程紀錄的
分析，整理出教師的提問面向，包括：角色、情節、主題、圖像風格，以
及整體評價[7]。

　　關於角色，可探究的面向如下：

- 誰是主角？如《利兒找到了路》的討論實例，老師問：「這本書最
  重要的角色是誰？」幼兒的回應可以幫助老師理解幼兒界定主角的
  方式，以及幼兒概念中的「重要」是指什麼。
- 角色採取某種行動的理由。
- 角色的感覺。
- 角色的性格。

關於情節，可探究的面向如下：

- 預測還沒有發生的事（通常是在說故事前看著封面，或在過程中偶
  爾如此提問）。
- 邀請幼兒想像故事中沒有的情節。
- 請幼兒推測某種現象或景象出現的原因，例如：「利兒為什麼會迷
  路？」
- 詮釋情節，例如：「利兒為什麼對陽光大吼一聲？」

---

7　讀者可參考〈畫一個星星給我：和幼兒一起編織文學密網〉（蔡敏玲、戴芳煒，2008）
　　一文中第 139 至 145 頁的實例與說明。建議讀者在閱讀實例前，先閱讀該文提及的圖
　　畫書，比較容易理解討論的內涵。

除了角色和情節，老師也可以提出關於場景（「這是一個怎麼樣的森林啊？」）、**結構、敘事觀點和主題**（請參見本書第 171 頁「**3.主題理解與整體評價**」）的問題，只要這些問題能開發思考或探索的空間，增加幼兒對某個故事的理解、思考與想像，就是好問題。

　　上述這些面向，**不必也不可能**在討論每本書的時候全面顧及。老師可以依據每本圖畫書的創作方式與故事呈現方式，提出上述面向的問題。

　　圖畫故事書是圖文一起說故事的文本，圖像的覺察與探究也是討論的重要面向。

## 2.圖像的覺察與探究

### （1）介紹圖文共同敘事的特質

　　老師和幼兒一起閱讀《阿利的紅斗篷》（如下圖）。從封面約略可看出，這本書的文字只敘述阿利的行動，但每頁的圖畫則同步呈現封面裡和阿利對看的那隻羊之搞蛋、唱反調的作為。

文‧圖／湯米‧狄波拉；譯者／張劍鳴
上誼出版

老師問：「為什麼羊做的事情沒有寫出來？」

一個孩子說：「因為湯米・狄波拉覺得那不重要。」

另一個孩子說：「小孩子不會看字，認真的事情（指做斗篷）講給大人聽，搗蛋的事情是講給小孩聽的。」

　　第一個回應顯示幼兒已經懂得從作者創作的角度來思考圖畫書，第二個回應則顯示幼兒明白圖畫書是圖畫和文字都會說故事的一種文本。圖畫書確實是圖文一起合作敘事的文本，而且「合作」的方式非常多元。**選擇《阿利的紅斗篷》這類圖文唱反調的書和幼兒共讀，並且提出好的問題，**幼兒很快就能意識到圖文都能說故事的特質。

　　約翰・伯寧罕的圖畫書作品，經常並置成人和兒童眼中的世界，而分列左右頁面。在《莎莉，離水遠一點》（如下圖）這本書裡，左頁是莎莉的爸爸媽媽把自己安置在海灘躺椅上，不停動嘴訓斥莎莉，以文字呈現；右頁則是莎莉的世界，只有圖像，呈現海盜和寶藏的故事。

文・圖／約翰・伯寧罕；譯者／林真美
遠流出版

小煒老師的網誌裡記載著：

今天閱讀討論的進行方式不同以往，**我先讓孩子們瀏覽圖、看圖說一**

遍，因為「喊」故事太吵雜，便請他們接龍說故事，一人一頁。
以下是**孩子說的**《莎莉，離水遠一點》：

- 莎莉說：「那裡有一艘船。」她要去海邊。（庭）

- 莎莉說她要去，他們要去度假，那裡有一艘小船，她想「那邊應該會有寶藏」。（瑢）

- 莎莉的爸爸媽媽說：「莎莉不見了！」他們到外面又找又怕，結果看到有一艘船裡面坐了一個女生，他們笑著說：「那是莎莉吧！」（詠）

- 她們要跳上海盜船上，好像海盜假期一樣。（斌）

- 然後那個海盜就叫莎莉跳到，就是帶她去餵鯊魚。（仁）

- 然後莎莉就和海盜去餵鯊魚，餵完鯊魚就跳到他們的海盜船。（中）

- 他們就趕快打架。（鋒）

- 還有一個人的劍跑掉。（陽）

- 「我們帶著他們的國旗一起去吧！不然爸爸媽媽會看不到我們的記號，連地圖也一起帶去（回家）吧！」然後帶著地圖，否則他們會迷路。（陽）

- 接下來她就坐船要回家了，她用很多很多的船來坐，在船上看地圖往哪裡走，沒有看地圖會忘記走哪一條路，她要到剛才那裡。（錫）

- 她找到寶藏了，就說：「哇！我一定要打開來看看。」（懿）

- 而且她快樂地叫：「有金幣，我發財囉！我發財囉！」（陽）

- 她就要把這些金寶全都拿回去，然後放一個金寶放在裡面，放一個就好。（傑）

- 然後爸爸說：「已經晚上了，她們還在划船。」媽媽叫爸爸

　　說：「我們要走了。」她就叫：「趕快划回去。」（庭）

・他們就回去了。（翔）


　　這個棒棒糖班版的《莎莉，離水遠一點》，大抵是以莎莉的行動為發展軸線的故事，爸爸媽媽「發現莎莉不見」並很快找到她後，就消失了；到了故事最後才再度出現，提醒莎莉快回家。這樣的詮釋，和約翰・伯寧罕以並置的畫面凸顯成人幾乎不行動，只會教訓小孩；而小孩卻不停歇地在想像的國度裡忙著探險的有趣對比，可以說非常接近了。

　　小煒老師接著把約翰・伯寧罕的《莎莉，離水遠一點》讀一遍，然後問幼兒：「**為什麼你們說的故事，和我說的不一樣？**」

　　幼兒回應得很快，一點也不含糊：

翔：因為妳把字遮住了。

慈：因為妳有看字啊！**我們不會看字用編的**，妳沒有用編的所以
　　不一樣。

庭：**我們是看圖說故事，妳就要看字說故事**；我們是用編的，
　　啊，妳要自己編。

仁：我們頭腦好啊。

陽：原來妳在偷懶。


　　孩子們理直氣壯，堅信看著圖「編故事」的能耐遠遠勝過老師照著書上的字唸出故事的能力。孩子的自信雖然顯示他們十分清楚圖像說故事的能力，卻也凸顯幼兒還不明白圖文「合作」敘事的特質。不過，不需要太過於掛慮此種「不明白」；在幼兒還不認識字的階段，要幫助幼兒理解圖畫書中的**文字和圖像都能說故事**，才是重點。

此外，**閱讀無字圖畫書**也是幫助幼兒意識到**圖像敘事能力**的可行方式。本章第四節提供幼兒看著無字圖畫書說故事的實例。

### （2）提醒幼兒圖像說故事的方式

許多人都以為，給兒童看的文本一定要有圖，一是假定圖比較容易理解，二是兒童可以憑直覺理解圖；Nodelman 與 Reimer（2003）則指出，這兩項假設都是錯的，因為和文字相比，圖並沒有更具體。長期閱讀圖畫書並且不斷學習如何讀圖的歷程，使我同意 Nodelman（1988）的主張：**圖像的閱讀並不是與生俱來的本事，而是必須長期學習才能養成的知能。**Nodelman 曾以一本書的篇幅來說明圖畫故事書中圖像的「敘事藝術」，可見圖像的呈現與詮釋需要長期而細心的學習。

**圖像如何提供故事訊息呢？**Nodelman 與 Reimer（2003）提醒我們要關注以下面向：版式（封面、書中的圖有無邊框、字體大小與樣式）、情緒與氛圍（顏色、形狀、線條和媒材）、視覺物件的意義、在二度與三度空間裡以不同方式呈現的「圖像動力」（pictorial dynamics），以及圖像的整體風格。理解圖像提供故事訊息的方式，對於欣賞與詮釋圖畫書中的圖像確實很有幫助。但是，我們不需要期待幼兒學會剖析圖畫書中圖像提供敘事訊息的各種方式，只需要在**讀到新的圖像呈現方式（如圖像呈現的角度或距離）、遇見前所未見的媒材，或圖像在一本書中的變化有重要之敘事意義時，提醒幼兒思考就可以了。**在本章開端的圖畫書共讀實例中，老師問幼兒為什麼小熊利兒在接續三頁裡的身影「**愈來愈大**」，就是很好的例子。幼兒認真思考並猜測小熊身形變大的理由，就是關注圖畫如何提供訊息的重要起點。

當然，要提醒幼兒覺察圖像提供訊息的方式，老師本身就必須好好學習與覺知圖像敘事的方式。

## （3）辨認創作者的圖像風格

　　覺察圖像如何提供與提供了什麼訊息能幫助我們詮釋文本的細部，而辨認圖像風格則是對文本的整體掌握。如同 Nodelman 與 Reimer（2003）所說的，風格是一個作品所有面向共同創造的效果，「是使得一個插畫家或文本與眾不同或獨到之處」（p. 283）。幫助幼兒辨認某位圖畫書創作者的風格，並非難事。棒棒糖班的孩子在中班時就能快速地辨認出同一位創作者的作品，或是以同一位主角說故事的圖畫書，像是成田雅子的紗娜系列故事，或是中江嘉男和上野紀子合作創造的鼠小弟系列故事。要幫助幼兒學會或讓幼兒有機會辨認創作者的圖像風格，**重要的前提**是：老師要向孩子介紹系列故事，並確保孩子有機會接觸同一位創作者的好幾本作品。有了這個前提，我們會發現孩子對於圖像細節的辨認、觀察與比較，總有很高的興致。以下是取自棒棒糖班的例子：

　　老師展示《森林裡的帽子店》的封面時問道：「**有沒有很眼熟？貓跟人？**」孩子們立刻喊出：「**紗娜**」（觀察錄音紀錄，2007-04-16），好像看到了一位熟悉的朋友。大班的時候，孩子能認出同一位創作者不同作品的類似畫風。老師讀《畫一個星星給我》的時候，念到「**狗說：『畫一隻貓給我』**」，一個孩子就說：「**好像《棕色的熊》的貓喔**」（錄音，2007-09-17）。老師讀出《好慢、好慢、好慢的樹懶》這本書的書名時，孩子立刻說：「**也是艾瑞·卡爾**」（觀察錄音紀錄，2007-09-17）。認識他了，因為那是這個班級讀到的第四本艾瑞·卡爾的作品。

文・圖／成田雅子　　文・圖／艾瑞・卡爾　　文／比爾・馬丁　　文・圖／艾瑞・卡爾
譯者／周姚萍　　　　譯者／柯倩華　　　　圖／艾瑞・卡爾　　譯者／柯倩華
小魯出版　　　　　　上誼出版　　　　　　譯者／李坤珊　　　上誼出版
　　　　　　　　　　　　　　　　　　　　上誼出版

　　以下是小煒老師**提示幼兒覺察風格與畫風的方式**（蔡敏玲、戴芳煒，
2008，頁143）：

　　老師邀請孩子注意觀察圖像表現，也鼓勵孩子更加用心地進行探
索與「大發現」，例如：討論完《謝謝妳，空中小姐》這本書
後，老師問：「請問這本書的作者叫做劉旭恭，跟哪一本書一
樣？」孩子立刻說了他們曾經讀過的另一本書《請問一下，踩得
到底嗎？》。老師接著提議：「**我們來比較看看，一樣的作者畫
的，哪邊會很像。**」一個接著一個，孩子說出了兩本書都有大
象、熊和狗等角色，而且畫法很像。孩子說：「**他的嘴巴彎彎
的，阿這一本的狗嘴巴也彎彎的。**」老師告訴孩子們：「**你可以
這兩本一起看，你自己去找大發現**」。（觀察錄音紀錄，
2007-03-26）

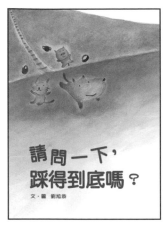

文‧圖／劉旭恭　　　　　　　　文‧圖／劉旭恭
劉旭恭提供　　　　　　　　　　信誼出版

　　細部觀察一個故事和一本書的圖像**之後**，對主題的思考、對圖像風格的辨認，以及對整本書的評價，就是整合對細部的理解而**回到整體詮釋的階段**。

## 3.主題理解與整體評價

　　經過對故事和圖像細部的討論之後，可以邀請幼兒想想故事的主題，也想想自己對這本書的整體評價和理由。

　　故事的主題並不是故事要教導的道理，而是讀者依據文、圖所說的細節，而認定的故事整體意義。簡單的說，就是讀者認為：「這個故事在說什麼呢？」老師不必使用「主題」這個詞，就可以幫助幼兒思考故事的整體意義，例如：閱讀《魯拉魯先生的腳踏車》（2006，小魯出版），最後老師以故事結尾的場景提問：「為什麼大家掉進水裡，笑得很開心？」從幼兒的回應可以看出，這樣的問題可以促使幼兒整合所有的線索，理出故事的主要意義（蔡敏玲、戴芳煒，2008，頁142）：

陽：因為他們覺得很好玩啊！

懿：是魯拉魯先生在騎車，其他動物都沒有騎，所以只有魯拉魯
先生很緊張。

錫：魯拉魯先生在作夢，這是夢裡的事情。

討論的尾聲，問幼兒：「你喜歡這本書嗎？為什麼呢？」這樣可以幫助幼兒綜理對這本書所有細節的覺察，提出自己的整體感受。除了閱讀圖畫故事書當天，幼兒也要有機會分享喜不喜歡某本書，如前一節「營造閱讀文化」所述，在棒棒糖班的生活中，每週的「票選好書」活動和每月一次「我最喜歡的一本書」活動裡，每位幼兒都有機會說出當週或當月最喜歡的書，並說出最精采之處。漸漸地，幼兒便會「**喜歡閱讀並能展現個人觀點**」（教育部，2017，頁47），這就是語文領域第四項領域目標所期待的能力。

## 4.提升討論的深度

幼兒對故事與圖像的詮釋，或是喜歡一本書的理由，有時完全逸出成人視為當然的理路，清新有趣。不過，支持幼兒「自主閱讀」，並不是指隨便幼兒怎麼讀都好，也不是只要幼兒有回應就可以。**閱讀成了生活習慣之後**，長期和幼兒共讀的老師可以觀察或記錄幼兒的回應模式，這樣就可以在適當的時機，幫助幼兒**開發新的思考方式或接觸新的觀點**，以進行更豐富的圖畫書體驗。以下建議可開發的兩個面向：一是回應提問的「思考脈絡」；二是「喜歡一本書的理由」。

## （1）思考脈絡

幼兒和老師共讀圖畫故事書時，他們回應的面向必然受到老師提問面

向的影響，例如：老師詢問關於角色的問題，大部分的幼兒一定也就回應關於角色的事。和幼兒共讀的教保人員提出問題時，便要留意前述討論的「廣度」，盡可能提出多元面向的問題，包括：角色、情節、場景、結構、圖像表現和主題等。

教保人員除了關注自己的提問如何影響幼兒的回應面向與內容，同樣值得細心觀察的，是幼兒在回應老師的問題時「如何思考」，這就是戴芳煒（2010）所稱的「思考脈絡」或「詮釋脈絡」。她分析幼兒園大班幼兒到小一兒童兩年共讀圖畫故事書的紀錄，將幼兒回應時的思考脈絡歸納為以下七類：生活經驗、故事本身、圖像、生活常識、作者意圖、複合脈絡，以及其他脈絡。有趣的是，不論是幼兒園大班或小學一年級，這群孩子回應老師於討論時段的提問時，比例最高的思考脈絡都是「故事本身」，占整體思考脈絡的37%；其次是「生活經驗」，占整體思考脈絡的30%（戴芳煒、蔡敏玲，2013，頁 16）。以下以實例來說明何謂「思考脈絡」，更重要的是，分享老師提升討論深度的方法。

以「故事本身」為回應的思考脈絡，也就是「以故事本身提供的線索來思考」（戴芳煒、蔡敏玲，2013，頁17）。在閱讀《圖書館獅子》（如下圖）後，老師和幼兒有以下的口語互動：

文／蜜雪兒・努森
圖／凱文・霍克斯
譯者／周逸芬；和英出版

老師：為什麼獅子想要回到圖書館？

廷：因為他很久沒有跟小朋友玩，也沒聽到故事，他想要聽故事。

傑：因為他要看書，書本裡有很好看的東西，他想看書，跟小朋友一起看。

老師：為什麼他想找小朋友一起看？

傑：因為獅子很無聊，他想找小朋友。

瑢：他喜歡，他好想聽故事。

　　陽：因為很多小朋友喜歡他。

　　上述這些幼兒的回應，都是運用**故事本身提及或呈現的**訊息，包括：獅子的性情、喜好，以及圖書館裡的小朋友和獅子的關係等為脈絡，來思考並回應老師提出來的問題。這樣的思考方式是有豐富閱讀經驗的讀者漸漸習得之思考方式。

　　以「生活經驗」為思考脈絡，則是運用熟悉的日常經驗來思考老師提出來的問題，如下例。老師和幼兒讀完《畫一個星星給我》（如右圖）後，以下是老師提出的問題和幼兒的回應：

文・圖／艾瑞・卡爾
譯者／柯倩華
上誼出版

**老師：為什麼彩虹想要一個夜晚？**

　　斌：因為他想睡覺了。

　　陽：他想要出去散步，剛吃飽飯。

　　鋒：因為他想玩躲貓貓。（蔡敏玲、
　　　　戴芳煒，2008，頁137）

　　「想睡覺」、「剛吃飽飯要出去散步」、「想玩躲貓貓」都是這群幼兒熟悉的生活經驗，他們自在地使用了這些經驗來思考老師提出來的問題。

　　老師可以仔細觀察並記錄幼兒的回應，在一段時間之後，如果發現幼兒**總是**以生活經驗為脈絡來思考，就可以提示幼兒試試以其他脈絡進行思考。前述戴芳煒（2010）所整理的七種思考脈絡可供參考。以生活經驗或自己知道的人情事理來思考故事之種種，雖然經常有意想不到的趣味，但學習以故事整體為脈絡來思考，也是讀者的必經之路。

（2）喜歡一本書或一個故事的理由

　　喜歡，似乎是不需要理由的情緒；直覺也是應該珍藏的感覺。不過，學習釐清喜歡作品的理由，才有機會確認自己的品味，並且開發更多欣賞的面向。前述棒棒糖班的老師在每週、每月和每學期都會邀請幼兒說說自己最喜歡的一本書，並說出自己喜歡的地方或是認為這本書的精采之處。如果老師能**定期回看幼兒所說的喜歡一本書或一個故事的理由**，那麼，在發現幼兒的喜歡出現某種模式的時候（例如：總是說一個意象、一個畫面），老師就可以說說自己喜歡同一部作品的其他理由（例如：關鍵情節或角色性格），如此幼兒便有機會欣賞其他喜歡書或故事的理由。

　　話雖如此，輕鬆、直覺地欣賞一個故事、一本書的心情與空間，仍是應該小心呵護的珍寶。閱讀，如果沒有為幼兒和老師帶來樂趣或創造新的、細膩的感覺，再多的教導也無濟於事。

　　接下來呈現小煒老師和幼兒共讀圖畫書與其後之討論的實例，並為讀者整理出在共讀歷程中，老師和幼兒可以扮演的角色。

## （四）實例：棒棒糖班師生共讀《小魚散步》

　　這一天，棒棒糖班讀的是陳致元的作品：《小魚散步》（如下圖）。

文・圖／陳致元
信誼出版

討論前，照例由幼兒們全體自由「說」故事。說到最後一頁，這頁沒有文字：左頁是小魚扮成媽媽，帶著新朋友——一隻狗，回家；右頁是小魚的爸爸，接過小魚送的花，放在口袋裡，臉紅了，如下圖。

取自《小魚散步》（文‧圖／陳致元）；信誼出版

廷：這是她爸爸喔？

慈：他臉紅！還把花插在口袋。

老師：那我們先說，為什麼爸爸會臉紅？

中：因為那個炒飯很燙，他才會臉紅。

慈：我覺得是很開心，因為小魚她騙爸爸，她很想要騙爸爸，爸
　　爸都不知道，沒有人騙[8]爸爸過。

詠：她那朵花送他，他覺得她裝媽媽的樣子很好笑，而且那朵花
　　也是紅的，他很喜歡。

鋒：因為蛋炒飯很香。

瑢：他煮起來覺得「小魚應該會覺得很好吃」，然後他還加了一
　　點油。

---

8　老師認為慈所說的「騙」是開玩笑的意思，就是扮成媽媽和爸爸說話。

斌：因為小女孩她買蛋，爸爸覺得很臉紅，因為她介紹他新朋友
　　還有很多東西，爸爸覺得很臉紅。

取自《小魚散步》（文‧圖／陳致元）；信誼出版

老師：小魚去散步買東西，下了樓就遇到「影子貓」，怎麼會有
　　　影子貓啊？

庭：因為有一個貓在屋子上面走，他的形狀看到下面，她就會跟
　　著走。

詠：牠站在屋頂上，影子照下來，她看到貓的影子就跟著走。

中：貓咪在屋頂上走，太陽出來了，貓咪的影子才會出來。

錫：她剛才要開門的時候，看到貓咪的影子，就跟著貓咪的影子
　　往前走。

老師：為什麼要跟著貓咪的影子走？

璿：因為她有一點感覺到她喜歡貓咪，然後在想的時候，太陽就
　　出來，然後影子就從上面照下來。

慈：**因為她想要以為她自己走在屋頂上。**

雄：因為她要看牠（貓）要走去哪裡。

傑：她想要知道貓咪要去哪裡啊，牠想去她的屋子裡，就可以每
　　天全都來陪她玩。

老師：然後她撿到了一個什麼東西？

小孩（集體）：彈珠。

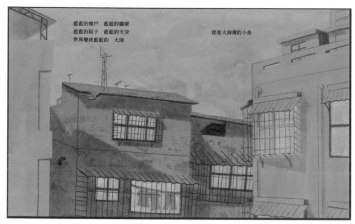

取自《小魚散步》（文・圖／陳致元）；信誼出版

老師：為什麼世界會變成藍藍的大海呀？

翔：因為彈珠也是藍色的，她用眼睛照出去，就會看出藍藍的水
　　面。

好：因為她是小魚，所以她覺得在大海裡面，以為她在游泳。

錫：她從彈珠裡面看出去，是藍色的，世界才是藍色的，天空本
　　來就藍藍的。

詠：她撿到一個彈珠，她想像：「這裡的水都沉 9 上去，這都是
　　魚的房子。」

---

9　詠的意思是，水「浮」上來，但說成「沉」了。

鋒：因為彈珠裡面有海的形狀，然後看出去就是有海。

在樹下　看到一副很想被人撿的眼鏡
戴起來　很像媽媽

跟著落葉走「唭、唭、唭、唭」
聽起來就像　吃餅乾的聲音

取自《小魚散步》（文·圖／陳致元）；信誼出版

老師：然後，她又走在落葉上，發出什麼聲音？

小孩（集體）：吱吱喳喳……

老師：聽起來就像吃餅乾的聲音（書中的文字）。

老師：你有走在落葉上過嗎？

小孩（集體）：有。

老師：你覺得走在落葉上的聲音好像什麼？

廷：像螃蟹的閘子「卡ㄘ卡ㄘ」。

詠：好像玻璃掉下來的聲音。

翔：好像蛇在叫，「ㄙ……」。

陽：好像踩餅乾的聲音。

懿：好像有人用手摸樹葉，把它弄枯掉的樹葉。

慈：好像剪刀咖擦咖擦的聲音。

鋒：好像馬跑的聲音。

雄：好像把樹弄斷的聲音。

珹：好像草叢喔，有一個小男生躲在草叢裡嚇小女孩，嚇了一
　　跳。

**老師：誰可以想一個問題來跟我們討論，誰有問題？**

在樹下　看到一副很想被人戴的眼鏡
戴起來　很像媽媽

跟著落葉走　「唰、唰、唰、唰」
聽起來就像　吃餅乾的聲音

取自《小魚散步》（文・圖／陳致元）；信誼出版

傑：為什麼它只有樹幹，沒有上面的樹葉，也沒有樹枝？

**老師：為什麼這一頁他只畫樹幹，和掉在地上的葉子，不把整棵
　　樹畫出來？**

慈：可是這裡有樹的影子啊。因為這本書太小了畫不下。

老師：那他可以畫小一點啊。

慈：太小了，那個小女孩會以為這棵樹那麼小，一定是被人家砍
　　掉了啊。

翔：沒有空位了，他想畫大的讓別人看到，不小心畫太大，畫到
　　上面沒有樹幹。

陽：因為這本書太小，所以擠不下樹，所以他在旁邊畫影子來當

　　他的樹。

詠：因為冬天的時候，風吹走了（樹枝），只剩下樹葉。

中：因為陳致元忘記畫那個樹。

傑：我覺得他可以把旁邊的樹（影子）塗上顏色，就算倒了也沒
　　關係啊。

**老師：這本書最重要的角色是誰？**

琮：小魚，因為她發現藍色的彈珠。

詠：小魚，因為她幫爸爸買蛋。

錫：狗和小魚的爸爸，因為小魚幫爸爸買雞蛋，爸爸很開心。

慈：小魚跟爸爸，因為爸爸很開心跟小魚說她可以出去玩，可是
　　要先幫他買蛋。

陽：小魚，因為她幫爸爸買蛋，撿到很多東西。

　　選擇以棒棒糖班師生共讀《小魚散步》之後的討論紀錄做為師生共讀圖畫故事書的實例，主要的理由是：《小魚散步》沒有劇烈起伏的情節，是一個倚靠意象取勝的故事；這樣的作品既**挑戰也最能突顯幼兒的閱讀能力**。2008 年，我正在構思「新課綱」語文領域的活動設計時，突然想到了這本書，並且預擬了三個關於該書意象的討論問題，請小煒老師問問看。果然，這群喜歡閱讀、閱讀經驗豐富的幼兒對於故事中視覺意象與聲音訊息的掌握，十分精巧有致。值得再提的是，幼兒對於「最重要的角色」之認定，通常顯示他們眼中「最重要的事」。在這個例子裡，**為人服務、讓人開心、發現藍色的彈珠和撿到很多東西，是成為「最重要的角色」之理由**。這些理由充分彰顯幼兒的視角，不落俗套且頗具說服力。

　　在本章的共讀討論實例中，於老師提出問題後，呈現許多幼兒的回

應；**老師難道只是讓幼兒說出不同的看法嗎？**就錄音資料的轉譯方式而言，轉譯者（大部分是小煒老師）在老師發話不影響後續幼兒回應時，省略了老師對幼兒話語的重述和表達認可或「聽到了」的口語或非口語回應，例如：點頭或說「嗯」。就教學現場的專業決定而言，小煒老師確實在幼兒回應時，盡可能讓有意見的幼兒都有機會表達看法，以便讓幼兒從同儕口中聽到可能和自己不同的觀察或詮釋；有時幼兒也會針對同儕的發言提出質疑或不表同意，而另提出自己的看法。將閱讀後的思考空間盡量保留給幼兒，確實是小煒老師的決定。

整理這些討論紀錄之後，以下分享和幼兒共讀圖畫書的歷程中，老師可以扮演的幾個重要角色。

## 1.提問

老師可依據每本書的特色（如上述《小魚散步》意象豐富）或每個故事值得思考之處（如本章一開始《利兒找到了路》思考主角如何回家）提出問題，為幼兒創造整合圖文細節進行推理，或延展想像空間的機會。

## 2.追問

戴芳煒（2010）在大班幼兒到小一兒童共讀圖畫故事書的研究中，採用了不同的追問方式。在幼兒大班時，小煒老師多採用第一種追問方式：「請兒童說出後續想法、持某種看法的理由、形成觀感的線索」，主要用意是希望幼兒說得更多，表達得更完整。如上例，回應老師的問題：「怎麼會有影子貓啊？」幼兒錫說：「她剛才要開門的時候，看到貓咪的影子，就跟著貓咪的影子往前走。」老師繼續追問：「為什麼要跟著貓咪的影子走？」確實引出有趣的思考，例如：「**因為她想要以為她自己走在屋頂上。**」

第二種追問方式是：「邀請兒童設想別的情形」和「質疑兒童的說法」，以便提供兒童不同的思考角度，如下例：

在《終於見到她了》（2008，東方出版）故事中，小狐狸坤助和小狐狸小春相會後，舉起樹枝在天空比畫著寫出小春的名字，老師問幼兒這個動作的含意：

老師：坤助在天空上寫她的名字，是什麼意思啊？

雨婷：他才不會忘記她的名字，就是不要忘記她的名字，也不要忘了去找她。

老師：喔，寫下來提醒自己，那為什麼要寫在天空上？這樣子又看不見。←追問

雨婷：看不見但是他頭腦有想字啊。

老師：頭腦有想字，有可能。

雨婷：而且他把樹枝放在口袋。（戴芳煒、蔡敏玲，2013，頁25）

## 3.邀請幼兒提問

幼兒和老師有了許多共讀與討論圖畫書的經驗後，老師便可以邀請幼兒自己提出問題，成為閱讀生活的必要元素。當然，無論何時都擅長提問的幼兒，不待老師邀請，就會急切地提出問題。教保人員要歡迎幼兒提出的問題，也可以和幼兒討論提問的最佳時機。

幼兒回應或提問時，**老師認真傾聽的神情與態度**必然會鼓勵幼兒更認真思考；而前述教保人員本身的閱讀態度與素養，以及班級閱讀文化的形塑，都是創造有趣的圖畫書共讀時光最重要的基礎任務。

## 四、和幼兒編創圖畫故事書：原則與實例

### （一）和幼兒一起編創故事的原則

#### 1.以豐富的故事經驗打底

在棒棒糖班中，「閱讀」是老師和學生熟悉的日常行動。如本章之前的描述，這個班級的幼兒和老師**天天閱讀圖畫故事書**，讀完書之後總是一起思考故事的種種。他們探索的面向廣泛，也漸漸學會以故事為脈絡來思考和故事有關的問題。**閱讀圖畫書、聽故事和思考故事的豐厚經驗，是編創故事的必要前提**。

老師和幼兒閱讀圖畫故事書的經驗厚實了，就可以一邊繼續閱讀，一邊帶著幼兒走上編創故事之路。編創故事之路怎麼走呢？我在幼教現場曾看過老師在白板上列出人、事、時、地、物、問題和解決方式等，期望幼兒先認識故事的要素再進行創作。我認為這樣的作法可能無法培養幼兒編創故事的能力，反而使得聽故事成為解剖的任務，趣味盡失。建議先**以角色和情節作為創作故事的主要方向**。那麼，本章前面所提，經常閱讀與提供幼兒回應故事的空間，正是認識各種角色與接觸充滿創意的情節最好的方式。

### （1）認識各種角色

在閱讀圖畫故事書與思考故事的過程中，幼兒有機會**認識許多**個性、外型、慾望、目標和夢想不同的**角色**，並接觸這些角色的各種情緒和情感。系列故事的主角，比起單本圖畫故事書中的角色，更容易被熟識與辨認，例如：宮西達也筆下的**霸王龍**，外型高大、剛猛、粗獷，遇到和自己毫無關係的年幼恐龍（原來設定的食物）向自己表達情感需要時，卻手足

無措，立刻忘卻自己「吃」的慾望，轉而成為無比溫柔、細心照料孩子的好爸爸。又如，《小魚散步》中的**小魚**，在往雜貨店買蛋的途中，細心觀察再平凡不過的道路種種，在「幫爸爸忙」的同時，自己創造不平凡的有趣遊戲。**紗娜**和魯魯系列故事中的紗娜，是一個似乎永遠準備好擁抱意想不到之「變化」的女孩。洗澡的水桶愈變愈大，變成大海；戴上一頂撿來的帽子，整個人愈變愈小──這些變化，紗娜總是笑臉相迎、樂在其中。她也是隨時隨地願意幫動物朋友們解決問題的行動派呢！還有，因為吞了木瓜籽，一下擔心頭上長樹，一下又想到頭上長樹的獨特好處而暗自歡喜的**胖臉兒**。喜歡烹飪、吃東西還有和所有動物分享食物的小野鼠**古利和古拉**，也是不會讓人忘記的角色！

　　**認識角色是創造故事的重要起點。角色是故事的靈魂**，幼兒能想出角色，就可以想出這個角色可能的情緒、情感、說出什麼話，以及採取哪些行動。

## （2）熟悉情節模式

　　角色的行動構成事件，事件的某種組織構成情節。和認識角色一樣，透過閱讀與回應，幼兒得以見識與接觸各類情節，而以之為創作的原料。下例是一位中班幼兒所編、畫的故事（以下的圖由宋蕙君老師提供）。

- 從前有一天，有一隻恐龍爸爸，他去森林裡面散步，發現了兩顆蛋，他就把蛋帶回家了。
- 他出去找紅果子準備給他們吃。

- 回家以後，就發現兩顆蛋孵出來了，但是發現兩顆蛋不一樣。
- 然後，恐龍爸爸把跟自己不一樣的小恐龍帶去森林。

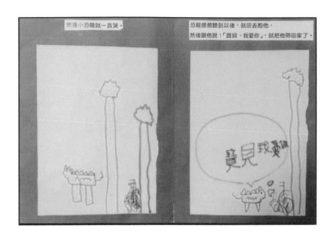

- 然後小恐龍就一直哭。
- 恐龍爸爸聽到以後，就回去抱他。然後跟他說：「寶貝，我愛你。」就把他帶回家了。

　　這個故事雖然有不太合邏輯的情節（如找紅果子給蛋吃），但是熟知宮西達也作品的讀者立刻就可以辨認，這個首次嘗試編故事的男孩，綜合了宮西達也的兩部作品《你永遠是我的寶貝》（2008，小魯出版）和《你看起來很好吃》（2005，三之三出版）之主要情節。情節雖然相當簡略，但是創作者掌握了霸王龍的性情，事件之間也合理連貫。閱讀就是這樣成為創作的養分。

## 2.從局部到整體，從改編到創作

　　帶領幼兒或和幼兒一起編創故事的第二個原則是：從小處著手（如下一段提到的「和角色對話」），從篇幅短的故事（如本書第 192 頁的實例「創意畫說短篇幅的故事」），漸漸編創篇幅較長的故事；從改編故事的某個部分（通常是結局）、改編主要情節到創作完整的故事。教保人員可以參考以下的實例，或許有助於構思其他編創故事的活動。

## （二）編創故事的可行活動與實例

### 1.和角色對話

在本章前面的例子中，老師在閱讀圖畫故事書後的討論時段裡，經常會邀請幼兒思考**角色的感受、行動意圖與行動理由，好的問題**能提供幼兒充分認識故事角色的機會。除了這些問題，老師還可以**邀請幼兒想一想：「如果你是某個角色」，會有什麼感覺、會怎麼行動**。從角色的角度感覺與思考，是創造角色之前必要的想像。此外，老師還可以**邀請幼兒和故事的主角對話**。讓幼兒自己和角色對話，並聽到同儕和角色的對話，既是對故事的回應，也是對兩個角色互動與對話的有趣模擬，有些幼兒甚至會**告訴主角應該說什麼或應該做什麼**，這就是編創故事的實質行動與必要的思考。如下例。

老師和幼兒閱讀了《米諾貓上街去買魚》（2010，大穎出版）之後，照例提出幾個請幼兒想一想的問題。更有意思的是，在這場討論之後，老師鼓勵幼兒對米諾貓說說話：

老師：**看完這本書，你有什麼話想對米諾講？說什麼都可以。**

慈：米諾啊！為什麼你在那邊的時候，要去買那種藍色的、大大的魚啊？

瑢：米諾，為什麼你不跟爺爺說：「我買完魚，可以跟你一起去散步」啊？

庭：米諾為什麼你要聽爺爺的話去買魚？**你可以說：「我不要去啊，我想曬太陽。」**

陽：米諾，如果你想吃的話，你可以再買一個魚啊！

仁：謝謝你幫爺爺買魚。

雄：米諾你不要買藍色的魚，我覺得你買的魚好像有魔法。

詠：米諾，為什麼要買這麼新鮮的魚？而且我要謝謝你，我覺得
　　你買藍色的魚很棒。

錫：米諾，為什麼爺爺會變成那樣？

　　老師的紀錄裡寫著：「孩子們好可愛，就真的試著和米諾貓對話起**來！或許我應該選個孩子扮演米諾，來回應那麼真摯熱切的每個想法。」****這個當時沒有實踐的想法，確實是鼓勵幼兒回應敘事文本，以及讓幼兒試****著編創一小段故事的絕佳點子。**

## 2.看圖說故事

　　每個星期四 15：20～15：50 是棒棒糖班的說故事時間，想要說故事的幼兒可以選擇自己喜歡的一本書，說故事給全班聽。自己一個人說故事對某些幼兒來說，或許會帶來不小的壓力，因此老師可以嘗試讓全班看著「無字圖畫書」或其他圖畫故事書**一起或輪流**說故事。幼兒倚賴圖像提供的敘事訊息，輪流說一張圖，或許能比較自在而專注地看圖編故事。

　　**「無字圖畫書」**沒有文字，幼兒說圖的空間比較寬廣。就算是**有文字****的圖畫故事書**，如果幼兒具有「圖畫提供的訊息沒有標準答案」之概念，還是可以成為幼兒編創故事的文本。在本書第 164 頁「介紹圖文共同敘事的特質」中，幼兒輪流說《莎莉，離水遠一點》，便說出一個和老師讀的故事不同，情節合理而且讓莎莉有緊湊、精彩行動的故事。幼兒很清楚，不會看字還是可以自己看圖編故事，「**我們不會看字用編的**」，也明白他們「**是看圖說故事**」，而老師是「**看字說故事**」。以下是幼兒輪流看著《想念》[10]這本書說出的故事。

---

10 棒棒糖班的幼兒輪流看圖敘說的圖畫故事書《想念》，曾於 2000 年由信誼出版社出
　　版，現已絕版。讀者可以向圖書館借閱，以便理解下例中幼兒說的故事。

在翻開書之前，老師讓幼兒看封面並問幼兒：「你覺得《想念》是在講什麼故事？」

庭：想念我喜歡的人。

慈：想念人家。

斌：就是很想很想念別人。

詠：想念自己最喜歡的花摘不到。

**瑢：想念就是想要他喜歡的人回來找他。**

接著，老師一頁一頁地翻給幼兒看，全班一起仔細瀏覽整本書。

看完一次，老師又問幼兒：「《想念》是在講什麼故事啊？」

仁：就是想念媽媽的故事。

庭：想念快要死的媽媽，想要什麼東西送媽媽，送她喜歡的東西。

陽：想念她死去的媽媽。

好：想念媽媽，可是找不到媽媽。

瑢：應該是她想要她的媽媽再來見她一面，她就已經很高興。

慈：那個小女孩想念她媽媽，就趕快去看看有什麼禮物，先去找個東西的禮物，終於找到她，她就帶她去找她的媽媽。

詠：在講她媽媽已經住在墳墓裡了，小女孩很想念她。

如上，先讓幼兒**看過整個故事並掌握故事的主題**之後，老師才請幼兒輪流看圖接龍說故事：

• 這個街上都是車子。（中）

• 女生要去臺北回家，她訂了一個票「臺北與屏東」，她要去臺北裡回家。（斌）

- 然後她在車上看書，看到以前的照片，然後她就想念媽媽，希望趕快到，她要趕快去找媽媽。（庭）
- 她就坐火車要去找她的媽媽。（傑）
- 小女孩她想跟她的好朋友一起去玩。（瑢）
- 她坐著睡著了，然後火車就到了，可以找她媽媽。（妤）
- 小女孩的朋友通通都找不到小女孩的媽媽，就跟他們一起出去玩。（慈）
- 他們都摘蒲公英去找小女孩，她可以放在頭上，然後小女孩他們要一起玩，他們就很快樂。（庭）
- 然後她們就去騎腳踏車。（仁）
- 她們一起騎腳踏車去玩水。（錫）
- 然後她也跟牛一起玩水，看起來很好玩。（翔）
- 她就一起跟牛玩，她就問別人：「妳有沒有看到我媽媽？」（鋒）
- 牛主人就回答，他叫他的牛載她去找她的媽媽。（傑）
- 然後她們找了好久，她們就用跑步，她找不到她的媽媽就想回家了。（詠）
- 她們坐著牛車準備快點回家。（斌）
- 到她們家，她就很高興看到她媽媽了！（懿）
- 她就跟媽媽抱在一起，抱在一起的時候她很高興，媽媽也很高興。（瑜）
- 然後她放一朵花在墳墓上面。（翔）
- 因為媽媽已經過世了（瑢）。
- 蒲公英都飛上天空。（斌）

幼兒看著圖敘說，大部分都是把單張圖的內容說出來；有些幼兒則已經能顧及情節發展，說出畫面沒有呈現的事件間之關係。儘管這些敘述之間有些小小的斷裂，但是因為幼兒已經先看過整本書，整體而言，幼兒們還是協力說出敘事連貫的故事。看過整本書，再邀請幼兒看圖說故事，是進行這項活動的重要原則。

### 3.創意畫說短篇幅的故事

棒棒糖班每週二8：50～9：40進行的創意畫活動，幼兒依據對某個形狀的聯想，說出一個事件或創造短篇幅的故事。這樣的活動**本身十分有趣，又可以為編織較長篇幅的故事暖身**。

像以下這樣的圖形聯想，幼兒說的事件，有時是一場對話，有時很像故事的結局，極有潛力發展成一個完整的故事。

蛇的家在地底下，
蛇過生日，
螞蟻跟蚯蚓一起來慶祝。

以下是另一個圖形聯想和「故事」。

這個圖你會想到什麼呢？

媽媽在煮菜，
煮紅蘿蔔、豆腐、高麗菜，
吃飯的時候，媽媽說好吃，
我問媽媽：「是妳煮的，為什麼妳要說好吃？」
媽媽沒有講話，就笑一笑，
我也覺得很好吃。

天空有一隻太陽，
他跟小女孩說：「妳們穿那麼漂亮，要去哪裡？」
白雲說：「聽說晚上有一個舞會。」
太陽等到下班的時候，去白雲家找他去舞會，
太陽只能去一下下，他還要工作。

家的門口在打雷，
烏雲來了，
要下雨了，
一直打雷打不停，
雨愈下愈大，
打雷的聲音出到天上，
家覺得很吵，他說：「我不要聽了。」

有一隻黑臉雞，
天空有三個太陽，他們三個在玩，
太陽說：「你不要再吃了，你會變很大」，
他們怕被雞擠到。

米莉媽媽幫她買小貓咪的髮箍，
米莉戴著髮箍去外面玩，
她遇見好朋友栗栗，
她們兩個一起去旁邊摘花，
米莉邀請栗栗去家裡玩，
她們就去家裡玩了。

小恐龍在看太陽，
可是太陽想看花，
小恐龍就想去找別的好朋友。

上述這些配合圖的敘述，有些像是故事的**摘要**、有些像是**開端**、也有些像是故事中的**某一段**，或是生活中的**對話**。圖形聯想與口語敘述，能鼓動幼兒的視覺藝術能力與敘事能力，在**看、想、畫與說的歷程中，逐漸提升編織與畫出故事的能力**。

### 4.改編結局或主要情節

和創作一個故事相比，改編結局相對而言比較輕鬆。改編故事除了可以幫助教保人員觀察幼兒對故事整體掌握的能力，也可以挑戰幼兒努力想出「不一樣」的結局。在例行的閱讀活動中，除了本章前面建議的討論方式外，也可以邀請幼兒說說不同的結局。以下的實例，是由幼兒接龍改編並畫出故事的主要情節。

老師在幼兒午睡前讀了《黃色水桶》（2007，東方出版）給全班聽。第二天，因為班上腸胃型感冒大流行，只有 10 個勉強健康的幼兒上學。老師認為幼兒需要新鮮空氣，於是走出教室，帶著畫板，在涼亭下說故事、畫故事。

　　《黃色水桶》是橋梁書，不是每頁都由圖文共同敘事的圖畫故事書。橋梁書中偶有插圖，正因為不是每頁都有圖，特別適合由幼兒畫出自己想到的情節。

　　一開始，幼兒就唸著故事主角小狐狸很重要的一句話：「星期一它[11]就是我的了！」

　　中：星期一它就是我的了！

　　廷：下個星期一就是我的了！

　　老師：我們從這裡開始編好不好？

　　幼兒們：好。

　　老師：到了星期五啊，他說：「到了星期一，水桶就是我的
　　　　　囉！」然後，結果星期六發生什麼事？

　　以下是幼兒接龍編出與畫出的故事後半段：

────────────

11　指小狐狸星期一的時候在獨木橋旁發現的黃色水桶，小狐狸怕是有人忘了拿走，不敢
　　直接取走。和朋友（小兔子和小熊）討論後共同決定，如果一直沒有人來拿，那麼黃
　　色水桶就是小狐狸的了。小狐狸、小兔子和小熊同意「一直」的意思就是七天。依據
　　這個說法，下一個星期一，黃色水桶就是小狐狸的了。這個故事以相當的篇幅描述小
　　狐狸七天的等待，以及一星期中他對黃色水桶的關注與照顧。

小狐狸找小兔子和小熊一起去看水桶，
他想：「水桶一直在的話，星期一就是我的
了！」
想到水桶就覺得很高興。（庭）

星期六下更大的雨，小狐狸撐著傘去看黃色
水桶，
天空出現很大的烏雲，小狐狸還帶著一把小
雨傘要遮黃色水桶。（中）

下雨的時候，他拿著雨傘跑去看水桶在不
在，
發現還在，他有很好的感覺，
小狐狸拿他的大雨傘和水桶一起遮雨，
他心裡有一個很好玩的祕密，想著心裡的蘋
果，希望水桶不要被人拿走。（瑜）

星期天晚上，小狐狸做了一個水桶飛走的
夢，
黃色水桶飛到月亮上，他抓不到，救不回來
了。
小狐狸醒來發現原來是作夢，希望水桶不會
再不見了，
他說：「小水桶在哪裡？」（斌）

天亮了，雨就停了，小狐狸跑去看水桶，水桶裡有很多水，
他扮了扮鬼臉，發現那不是髒水，
他就跳進水桶裡玩水，突然水桶就變大了，
小狐狸嚇一跳！
他說：「原來如此，這是神奇的黃色水桶。[12]」
結果他提提看，發現太重了，他提不動。
（詠）

小狐狸就想：「等我長大了，有力氣了，我再來搬水桶。」
他不擔心被人拿走，因為他想：「這麼大的水桶，誰搬得動啊！」他希望自己可以長得很快，開始吃很多東西，
睡了 100 天就長大了。（傑）

小狐狸很害怕還沒等到他長大，水桶就被人家拿走。
他就回家拿簽字筆，開始在水桶上寫自己的名字，
這樣別人就知道黃色水桶是小狐狸的了。
（慈）

小狐狸和小兔子、小熊都長大了，
發現「水桶並沒那麼大」，而且沒有人把它拿走，
小狐狸就把水桶拿回家，他說：「好開心，我終於拿到黃色水桶了！」（廷）

---

12 跳進水桶，水桶就不斷變大，這是圖畫故事書《神奇的藍色水桶》（2007，小魯出版）
之情節。

小狐狸拿黃色水桶去裝蘋果，拿回家吃，拿了好幾趟，
他邀請森林裡的朋友開「蘋果派對」。
（陽）

大家圍成一個大圈圈，一起吃蘋果，想吃的人都可以再吃一些。
他們說：「小狐狸謝謝你請我們吃蘋果，你的黃色水桶好漂亮。」（懿）

　　建議讀者先閱讀《黃色水桶》，再閱讀棒棒糖班的改編版，領略其中的差異，以及這些差異帶來的趣味與可能的意義。

　　這個例子清楚顯示，**改編故事（不只是結局）**，能同步提升幼兒對故事的**理解**與**回應**能力，同時也能培養幼兒**創說**故事的能力。選擇橋梁書進行這項活動，由於原來的圖僅止於插畫性質，除了編故事，也能提供幼兒「畫故事」的空間。

## 5.接龍說連環事件故事

　　培養幼兒編創故事的能力，鼓勵幼兒創說連環事件也是很有趣的活動，特別是對於還沒有信心自己編織完整故事的幼兒而言。連環故事的事件之間，有簡單的因果關係：一個行動或事件引發下一個行動或事件。對於接龍的幼兒來說，思考與說出和上一個行動**有關**的行動或狀況、說出上

一個行動造成的後果，或引發的行動，比起編織一個故事容易，也比較容易產生編創故事的興趣和信心。當然，老師在例行的閱讀活動中，最好先介紹並帶著幼兒閱讀「連環事件」的故事，幼兒熟悉了這樣的情節模式，才能流暢地接龍說連環事件。

以下這個故事，是棒棒糖班的幼兒讀過《香蕉皮連環事件》（2006，三之三出版）後，自己重新接龍說出與畫出的新版《香蕉皮連環事件》。

| | |
|---|---|
|  | |
|  | 奇奇在路上走，看到香蕉皮沒有丟好。<br>「一定會有人跌倒」[13]，<br>他要把香蕉皮拿去垃圾桶。 |

---

13 幼兒的意思可能是主角奇奇心裡這樣想。

奇奇他把香蕉皮丟在垃圾桶，
就沒人看得見了。

他找到垃圾桶的時候，就把香蕉皮丟到
垃圾桶了。

小猴子奇奇看到路上有香蕉皮，
他想把它拿去丟，結果黏在他的袖子
上。
鱷魚先生走了過來，小猴子奇奇袖子上
的香蕉皮掉了，結果鱷魚先生就滑了一
跤。

|  | 鱷魚先生從山上滾下來。<br>滾到泥巴裡面去，<br>他的身體都是泥巴。 |
|  | 奇奇走過去，看到鱷魚先生身上都是泥漿，就問他：「你去哪裡啊？怎麼身上都是泥漿？」 |
|  | 鱷魚先生說：「都是你丟香蕉皮，害我滾到泥巴裡，又滾到馬路上。」 |

奇奇說：「我沒有丟香蕉皮啊！我記得我把它丟在垃圾桶了。」
鱷魚先生他就說：「明明就是你丟的。猴子最喜歡吃香蕉皮了，一定就是你丟的。」

鱷魚先生生氣了！

奇奇生氣了，
鱷魚生氣了，
他們兩個吵來吵去。

大象跑來說：「你們兩個不要再吵架了，所有的人都聽見了。」

隔壁的鄰居都跑出來，
都走出來看看。

他們就哭了起來。

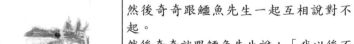

大家都笑他們。
然後奇奇跟鱷魚先生一起互相說對不
起。
然後奇奇就跟鱷魚先生說：「我以後不
會再讓你滑倒了。」

鱷魚先生對奇奇說：「我們當好朋
友。」

|  | 他們兩個就回家睡覺了。 |
| --- | --- |
|  | 睡覺的時候，他們兩個人都做早上踩香蕉皮滑倒的夢。 |

## 6.創作圖畫故事書

　　以上介紹的各種活動，只要注意「**從局部到整體，從改編到創作**」的原則，並沒有特定的順序。改編故事**結局**，可以邀請個別幼兒設想新結局；較大篇幅的改編，可以考慮由一組或全班幼兒協力完成。除了老師有計畫地安排這些與編創故事能力相關的活動外，別忘了，在棒棒糖班，星期二的「創意畫」活動和星期四的「小朋友說故事」活動，都是每週進行的例行活動。

　　棒棒糖班進行上述這些活動之後，老師會先帶著幼兒編創角色較少、篇幅較短的故事。老師也會依據對幼兒的能力與興趣的觀察，適時進行較長篇幅故事的創作，並將故事畫成圖畫書，還改編成劇本，以棒偶的方式演出。以下先介紹棒棒糖班創作的圖畫故事書——《小布的布丁會》。

小布的布丁會
文／圖　棒棒糖班

有一天小布在吃早餐，把他最愛的布丁
當早餐。
吃完早餐，出去和貓咪小金一起做運
動，
小布說：「晚上你來我家，我要給你一
個驚喜。」
小金說：「要不要閉上眼睛啊？」
小布說：「等我找完食物回來，到時候
再跟你說吧。」

做完體操，小布偷偷地到小男孩家，這
個小男孩很喜歡吃布丁，他住在布丁29
號，
冰箱裡有滿滿的布丁和布丁冰棒。
小布走進去，小男孩正在睡覺。

小布拿了布丁，有不祥的預感「小男孩快要醒來了」，
他留下五個布丁。

小布把布丁拿在手裡，靜悄悄走出門外，往回家的路走。
小男孩起床了，大聲說：「我的布丁呢！怎麼只剩五個布丁！」
小布把布丁拿回去，放進他的木頭冰箱。

有這麼多布丁，小布決定開一個布丁會，請動物們來吃。
太陽快下山了，小布請貓頭鷹去通知大家：
「來喔來喔！來小布的布丁會喔！請大動物和小動物排成兩排。」

貓頭鷹飛到樹枝上，大聲宣布：「來喔來喔！來小布的布丁會喔！請大動物和小動物排成兩排。」

幼兒語文教材教法：尋找文學森林裡跳舞的光

小布在他家裡布置，有很多布丁、花、汽球、紅地毯，還放了好聽的音樂。
布丁會上，小布說：「驚喜給你們。」
小熊小貓在吃布丁，小猴子表演芭蕾舞，只有兔子小紅看起來不高興。

原來小紅其實不喜歡吃布丁，
小布走過去說：「這個紅蘿蔔給你吃。」

然後小紅表演吃紅蘿蔔，其他動物看了都拍拍手。

布丁會一直開到晚上，小布家的窗戶打開，音符都跑出來，月亮也是微笑的，他也在聽音樂。

　　故事是接龍說出來的，要把故事以圖畫書呈現，需要合作完成，而且不能各畫各的。在分工畫圖之前，棒棒糖班的老師和幼兒經過長時間而且周詳的討論。角色的造型和其他細節（如大樹的樣子），前後要一致；畫面裡圖文如何配置，也是這群小創作者必須考量的問題。雖然第一次的圖畫書創作留下許多樸拙的痕跡，但既是創作者也是讀者的幼兒，在創作歷程中也學會彼此挑錯與提出建議。

　　幼兒對於自己的創作充滿成就感，他們似乎還想在這個故事創作情境裡停留久一點，就告訴老師說：「我們可以把小布的布丁會演出來。」於是就開始討論劇本，並製作了提戲卡，如下圖。

　　文字是給排戲的老師看的，左上角的圖樣是給翻開布景圖的幼兒看的，文字下方的圖則提示該場戲哪些演員應該出場。

209

　　有了提戲卡，演員、布景和旁白就能順利演出。其實，負責旁白的女孩並不認得所有的字，但是她依據提戲卡的圖和對故事的熟悉，就能說出合適的場景介紹。

　　演出當日，最後一幕，她是這樣說的：

　　「布丁會一直開到晚上，

　　小布家的窗戶打開，

　　音符都跑出來，

　　月亮聽了很開心，

　　點亮了所有的星星。」

　　這個臨場即席發揮，說出了比原來的劇本更美的話語。

　　這就是習慣閱讀與喜歡創作的幼兒，帶我們看見的，**在文學森林裡跳舞的光**。

# 結語：她想要以為自己走在屋頂上

蔡敏玲

在森林裡，看著在葉梢間游移或跳動的光，是很美的體驗；而在幼兒園教室裡，聆聽幼兒對圖畫故事書認真而不落俗套的思考，就像看到文學森林裡跳舞的光。

語文的學習，肇始於**想要表達的慾望**；身為教保人員的我們，應該珍惜幼兒這種「我好想跟你說」的念頭和心緒，使用清晰、溫暖、幽默且充滿比喻的語言，回應以「我很想聽你說」的耐心和熱情。

在幼兒語文學習與發展的歷程中，**環境**扮演關鍵的角色。在學校生活中，教保人員本身就是幼兒**最重要的互動對象與情境**。身為教保人員，精進提升自己的語文能力，特別是文學素養，是天天都可以努力的事。除此之外，應該**讓最好聽的聲音**（多種本土語言的歌謠）、**具有美感的圖像、有趣或優美的肢體語言和最好的話語**，成為幼兒語文學習歷程中隨時可以**接觸、體驗與運用的資源**，繼而創生鮮活的語言。因此，帶領幼兒在文學森林裡散步和探索，是最聰明的專業決定；於其中，幼兒和我們可以接觸多國文化裡最好的圖像和語言。臺灣每年出版相當數量的圖畫書，正是教保人員可以好好運用的學習資源。不過，幼兒文學作品要透過閱讀才能迸發活力，為幼兒和教保人員帶來快樂。

**這是一種什麼樣的快樂呢？**

本書第五章呈現了棒棒糖班的老師和幼兒一起閱讀《小魚散步》後的討論實錄。小煒老師在網誌上寫著：

　　孩子們對「書」的關注依然充滿熱情，

　　才介紹書名，就有許多聲音冒出來：

　　「小魚為什麼會散步？」「小魚不可能去散步吧。」

　　才讀第一頁，又有聲音：「喔，原來那個小女孩叫小魚。」

　　他們總是支持著每個被呈現出來的故事，像樂於認識一位新朋友。

**閱讀的快樂是認識新朋友的快樂。**

　　中說：「因為陳致元忘記畫那個樹。」

　　廷接著問：「這是陳致元畫的？」

　　好棒的記憶與辨認（跟作者很熟似的）。

**閱讀的快樂是遇見老朋友的快樂。**

　　還記得幼兒對這本書的主要意象的討論嗎？

　　我在電腦前預擬討論問題時，心裡有些想像中的小讀者。聽了這場討論，我發現真實的小讀者此起彼落的回應遠比我設想的更精采，甚至為我開發出更多思考和感受的線路！

　　爸爸臉紅的理由很有趣。

　　有些孩子覺察到爸爸的情感。（「她那朵花送他，他覺得她裝媽媽的樣子很好笑，而且那朵花也是紅的，他很喜歡。」「他煮起來覺得『小魚應該會覺得很好吃』。」）

　　有些孩子務實地想到香噴噴的炒飯。（「因為那個炒飯很燙，他才會

臉紅。」「因為蛋炒飯很香。」「然後他還加了一點油。」）

　好吃的食物和微妙的情感，兩者都是生活所需。

　世界為什麼會變成藍藍的大海？

　孩子們提出的理由（「這裡的水都沉上去，這都是魚的房子。」「她以為她在游泳。」），使我對這個意象的體會更深刻了。

　走在落葉上的聲音，也很妙。

　「像螃蟹的鋏子，卡ち卡ち」，這個回應很有在地風味！

　孩子們分享的經驗談或想像，使我好像聽到各式各樣的聲音：「蛇在叫」、「踩餅乾」、「有人用手摸枯掉的樹葉」、「剪刀咖擦咖擦」、「馬在跑」、「把樹弄斷」、「有一個小男生躲在草叢裡嚇小女孩，嚇了一跳」。

　簡單的一行文字轉化成這麼多有趣的聲音！

　而在我心裡停留最久的是孩子關於影子貓的回應：

下了樓
小魚　把鋼板放進　裙子右邊的口袋
因為　這個口袋沒有破洞

然後　　　跟著影子貓　走在屋頂上

取自《小魚散步》（文‧圖／陳致元）；信誼出版

213

老師問：「為什麼小魚要跟著貓咪的影子走？」

女孩說：「因為她想要以為她自己走在屋頂上。」

這個意象鼓舞女孩如此詮釋主角的行動，或許這個孩子這麼說出她的看法時，心裡也「想要以為她自己走在屋頂上」吧。

「想要以為」，是一種什麼樣的心境呢？

「想要」是慾望的生發和方向；「以為」是想像一種和此時此刻不一樣的狀態。

什麼樣的話語和圖像會讓我們「想要以為」呢？

這部作品裡的話語和圖像創造出的意象，引渡我們到達從來沒有去過的地方，像是屋頂；然後引發更多的意象。小魚小心翼翼走在屋頂影子上的模樣，使我心裡出現「女孩踮著腳尖在荷葉上跳舞」的意象。而你，想到什麼了嗎？

小魚從家裡走到雜貨店，原來是執行爸爸交託的任務（去雜貨店買蛋）；卻被小魚轉化成隨走隨想，享受想像的奇妙之旅。更奇妙的是，孩子跟著書裡的小魚散步，**書裡的意象鼓動他們想像的慾望，引發他們進行更多奇妙的想像。**

**閱讀是享受「想要以為」的美好時光。**

與這群孩子一起閱讀的小煒老師在網誌裡寫著：

「這富有意境、色調單純的故事確實較不易吸引幼兒，討論也不簡單。……和孩子討論之後，本來令我完全沒印象的書，變得有

質感、有味道，開始覺得它好，值得讀！」

　　幼兒在文學森林裡的思考，真的像是森林裡跳舞的光。和孩子一起閱讀的小煒老師促發也親自看見這些躍動、琳瑯的光彩。幸運的我，也得以因著欣賞幼兒說出的那些，我從沒想過的活潑想法，而雀躍不已。

**閱讀的快樂是享受自己和幼兒思考靈動的快樂。**

　　本書著重於圖畫故事書的師生共讀與編創，關於童詩和戲劇的共讀與編創，我會繼續學習，來日分享。
　　想要和幼兒共同尋找或創造文學森林裡跳舞的光嗎？
　　我們一起出發吧。
　　記得，跟著光走，
　　光線會帶我們到從未去過的地方。
　　別擔心迷路，
　　因為光線那條路，
　　也是回家的路。

# 參考文獻

## 中文部分

李紫蓉（2015）。**親子遊戲動動兒歌：打開傘**。臺北市：信誼。

幸曼玲、楊金寶、柯華葳、丘嘉慧、蔡敏玲、金瑞芝、簡淑真、郭李宗文、林玫君、倪鳴香、廖鳳瑞（2015）。**幼兒園教保活動課程手冊（上）**。臺中市：教育部國民及學前教育署。

施福珍（2003）。**台灣囡仔歌一百年**。臺北市：晨星。

張馥麗（2007）。**臺北縣二到三歲幼兒看圖說故事及個人生活經驗敘說能力之研究**（未出版之碩士論文）。國立臺北教育大學，臺北市。

教育部（1987）。**幼稚園課程標準**。臺北市：正中書局。

教育部（2017）。**幼兒園教保活動課程大綱**。臺北市：作者。

劉惠美、曹峰銘（2006）。**進入嬰幼兒的語言世界**。臺北市：信誼。

蔡敏玲（2011）。當小孩的滋味：金門縣幼兒的生活敘說。**當代教育研究，19**（1），1-53。

蔡敏玲（2017）。語文領域。載於幸曼玲等人著，**新課綱想說的事：幼兒園教保活動課程大綱的理念與發展**（第二版）（頁 219-266）。新北市：心理。

蔡敏玲、王珮玲、方芯琦、林文韵、曹峰銘、劉惠美（2010 年 9 月）。**幼托整合後幼兒園教保活動與課程大綱：語文領域**。教育部委託之專題研究期末報告。臺北市：教育部國民教育司。

蔡敏玲、王珮玲、林文韵、曹峰銘、楊綉琴、劉惠美、歐姿秀、盧明

（2008 年 1 月）。**幼兒園教保活動與課程大綱語文領域：後續研訂計畫**。教育部委託之專題研究期末報告。臺北市：教育部國民教育司。

蔡敏玲、戴芳煒（2008）。畫一個星星給我：和幼兒一起編織文學密網。**教育實踐與研究，21**（1），133-162。

戴芳煒（2010）。**師生共讀圖畫書的歷程：從大班到小學一年級**（未出版之碩士論文）。國立臺北教育大學，臺北市。

戴芳煒、蔡敏玲（2013）。大班到小學一年級兒童回應圖畫故事書的思考脈絡。**教育實踐與研究，26**（1），1-32。

## 英文部分

Bruner, J. (2002). *Making stories: Law, literature, life*. New York, NY: Farrar, Straus and Giroux.

Cazden, B. C. (1988). *Classroom discourse: The language of teaching and learning*. Portsmouth, NH: Heinemann.

Discovery Channel University. (2004). *The baby human: To talk* (DVD). Princeton, NJ: Films for the Humanities & Sciences.

Eisner, E. W. (1994). *The educational imagination: On the design and evaluation hool programs* (3rd ed.). New York, NY: Macmillan.

Gleason, J. B., & Ratner, N. B. (2009). *The development of language* (7th ed.). Boston, MA: Pearson.

Hymes, D. (1986). Models of the interaction of language and social life. In J. J. Gumperz, & D. Hymes (Eds.), *Directions in sociolinguistics: The ethnography of communication* (pp. 35-71). New York, NY: Basil Blackwell.

Labov, W., & Waletzky, J. (1967). Narrative analysis: Oral versions of personal experience. In J. Helm (Ed.), *Essays on the verbal and visual arts: Proceedings of the 1966 annual spring meeting of the American ethological society* (pp. 12-44). Seattle, DC: University of Washington Press.

Nodelman, P. (1988). *Words about pictures: The narrative art of children's picture books*. Athens, GA: University of Georgia Press.

Nodelman, P., & Reimer, M. (2003). *The pleasures of children's literature* (3rd ed.). Boston, MA: Allyn & Bacon.

Sipe, L. R. (2000). The construction of literary understanding by first and second graders in oral response to picture storybook readalouds. *Reading Research Quarterly, 35*(2), 252-275.

Tsai, M.-L. (2017). Narrative characteristics of kindergarten children from three areas in Taiwan. In S. Garvis, & N. Pramling (Eds.), *Narratives in early childhood education: Communication, sense-making and lived experience*. New York, NY: Routledge.

Vygotsky, L. V. (1978). *Mind in society: The development of higher psychological processes*. Boston, MA: Harvard University Press.

# 感謝

感謝上帝引領我看見光，

感謝活出精彩閱讀生活的棒棒糖班，

感謝蔡玲玲小姐、棒棒糖班及臺北市和平實驗國民小學附設幼兒園方向辰小朋友提供本書原創圖畫。

感謝下列幼兒園教師與朋友（按筆劃順序排列）慷慨提供本書實例或照片。

王嘉苑小姐　國立臺北教育大學幼兒與家庭教育學系助教

宋蕙君老師　新北市立五股幼兒園教師

林亞萱小姐　國立臺北教育大學幼兒與家庭教育學系碩士班研究生

林婉莉老師　花蓮市明義國民小學附設幼兒園教師

林瑞敏老師　臺北市龍安國民小學附設幼兒園教師

徐嘉昀小姐　國立臺北教育大學幼兒與家庭教育學系學生

翁維秀老師　臺北市武功國民小學附設幼兒園教師

**國立臺北教育大學魔鏡魔境兒童戲劇教育工作室**

張淑松小姐

莊琬琦老師　桃園市義盛國民小學附設幼兒園教師

陳怡樺老師　桃園市上田國民小學附設幼兒園教師

陳得蓉小姐　國立臺北教育大學幼兒與家庭教育學系碩士班研究生

劉紀婷老師　臺北市富安國民小學附設幼兒園教師

羅雅蓮小姐　國立臺北教育大學幼兒與家庭教育學系學生

蘇美冠老師　康橋國際學校幼兒園青山校區教師

感謝下列出版社及劉旭恭先生提供出版品封面授權本書使用。

特別感謝信誼基金出版社提供《小魚散步》內頁圖片四張授權本書使用。

**上誼文化實業股份有限公司**

第 164 頁：《阿利的紅斗篷》（文‧圖／湯米‧狄波拉；譯者／張劍鳴）

第 170、174 頁：《畫一個星星給我》（文‧圖／艾瑞‧卡爾；譯者／柯倩華）

第 170 頁：《棕色的熊、棕色的熊，你在看什麼》（文／比爾‧馬丁；圖／艾瑞‧卡爾；譯者／李坤珊）

第 170 頁：《好慢、好慢、好慢的樹懶》（文‧圖／艾瑞‧卡爾；譯者／柯倩華）

**小魯文化事業股份有限公司**

第 69 頁：《池上池下》（全新版）（文‧圖／邱承宗）

第 170 頁：《森林裡的帽子店》（二版）（文‧圖／成田雅子；譯者／周姚萍）

**米奇巴克有限公司**

第 48 頁：《上學的第一天，我的肚子裡有蝴蝶》（文‧圖／沙基‧布勒奇；譯者／黃筱茵）

第 48 頁：《鳥有翅膀，孩子有書》（文／阿朗‧賽赫；圖／露西‧帕拉桑；譯者／謝蕙心）

**和英文化事業有限公司**

第 49 頁：《大家一起拔蘿蔔》（二版）（改編／林世仁、陳致元；圖／陳致元）

第 145 頁：《利兒找到了路》（文／菲莉斯‧路特；圖／克利斯多佛‧丹尼斯；譯者／宋珮）

第 173 頁：《圖書館獅子》（文／蜜雪兒‧努森；圖／凱文‧霍克斯；譯者／周逸芬）

**阿布拉教育文化有限公司**

第 74、156 頁：《三隻熊》（文／古藤柚；圖／ Sudou Piu；譯者／林真美）

**阿爾發國際文化事業有限公司**

第 82 頁：《和甘伯伯去遊河》（文・圖／約翰・伯寧罕；譯者／林良）

**青林國際出版股份有限公司**

第 69 頁：《荷花池》（文・圖／陳麗雅）

**信誼基金出版社**

第 48 頁：《全都睡了 100 年》（文・圖／林小杯）

第 81、175〜180、213 頁：《小魚散步》（文・圖／陳致元）

第 171 頁：《請問一下，踩得到底嗎？》（文・圖／劉旭恭）

**維京國際股份有限公司**

第 75 頁：《山田家的氣象報告》（文・圖／長谷川義史；譯者／李瑾倫）

第 140 頁：《白雲麵包》（二版）（文・圖／白希那；譯者／蘇懿禎）

**遠見天下文化出版股份有限公司**

第 75 頁：《打針才不可怕呢！》（新版）（文／穗高順也；圖／長谷川義史；譯者／周姚萍）

**遠流出版事業股份有限公司**

第 75 頁：《我吃拉麵的時候……》（文・圖／長谷川義史；譯者／林真美）

第 81 頁：《安啦！安啦！雷公到我家》（文・圖／長谷川義史；譯者／林真美）

第 165 頁：《莎莉，離水遠一點》（文・圖／約翰・伯寧罕；譯者／林真美）

**劉旭恭先生**

第 171 頁：《謝謝妳，空中小姐》（文・圖／劉旭恭）

**親子天下股份有限公司**

第 69、137 頁：《昆蟲森林 1：相撲大賽》（文・圖／多田智；譯者／張東君）

國家圖書館出版品預行編目（CIP）資料

幼兒語文教材教法：尋找文學森林裡跳舞的光
／蔡敏玲、戴芳煒著. --初版.-- 新北市：心理,
2018.05
面；公分. --（幼兒教育系列；51199）
ISBN 978-986-191-826-6（平裝）

1. 語文教育　2. 學前教育

523.23　　　　　　　　　　　　　　107006897

幼兒教育系列 51199

## 幼兒語文教材教法：尋找文學森林裡跳舞的光

作　　者：蔡敏玲、戴芳煒
責任編輯：郭佳玲
總　編　輯：林敬堯
發　行　人：洪有義
出　版　者：心理出版社股份有限公司
地　　址：231026 新北市新店區光明街 288 號 7 樓
電　　話：(02) 29150566
傳　　真：(02) 29152928
郵撥帳號：19293172　心理出版社股份有限公司
網　　址：https://www.psy.com.tw
電子信箱：psychoco@ms15.hinet.net
排　版　者：辰皓國際出版製作有限公司
印　刷　者：辰皓國際出版製作有限公司
初版一刷：2018 年 5 月
初版三刷：2022 年 6 月
I S B N：978-986-191-826-6
定　　價：新台幣 350 元